Guía de la persona altamente sensible para lidiar con personas tóxicas

SHAHIDA ARABI

Guía de la persona
altamente sensible
para lidiar
con personas tóxicas

*Cómo reclamar tus derechos ante narcisistas
y otros manipuladores*

Prólogo de Andrea Schneider

EDICIONES OBELISCO

Si este libro le ha interesado y desea que le mantengamos informado
de nuestras publicaciones, escríbanos indicándonos qué temas son de su interés (Astrología,
Autoayuda, Ciencias Ocultas, Artes Marciales, Naturismo, Espiritualidad, Tradición…)
y gustosamente le complaceremos.

Puede consultar nuestro catálogo en www.edicionesobelisco.com

Colección Psicología
GUÍA DE LA PERSONA ALTAMENTE SENSIBLE
PARA LIDIAR CON PERSONAS TÓXICAS
Shahida Arabi

1.ª edición: marzo de 2023

Título original: *The Highly Sensitive Person's Guide
to Dealing with Toxic People*

Traducción: *Antonio Cutanda*
Maquetación: *Marga Benavides*
Corrección: *M.ª Ángeles Olivera*
Diseño de cubierta: *Enrique Iborra*

© 2020, Shahida Arabi
(Reservados todos los derechos)
Edición publicada por acuerdo con New Harbinger Pub.,
a través de Yáñez, part of International Editors' Co. S. L. Lit. Ag.
© 2023, Ediciones Obelisco, S. L.
(Reservados los derechos para la presente edición)

Edita: Ediciones Obelisco, S. L.
Collita, 23-25 Pol. Ind. Molí de la Bastida
08191 Rubí - Barcelona - España
Tel. 93 309 85 25
E-mail: info@edicionesobelisco.com

ISBN: 978-84-9111-970-8
DL B 3340-2023

Impreso en los talleres gráficos de Romanyà/Valls S. A.
Verdaguer, 1 - 08786 Capellades - Barcelona

Printed in Spain

PRÓLOGO

Querido lector:

Para mí, supone un gran honor y un privilegio escribir el prólogo de este nuevo libro de Shahida Arabi, ya que, a lo largo de los últimos cinco años, he tenido la suerte de trabajar con ella en el campo de la recuperación de los abusos narcisistas. Como licenciada en terapia clínica, he aconsejado a mis clientes, en numerosas ocasiones, que lean sus obras o que recurran a su página web de apoyo para que validaran sus experiencias y encontraran herramientas basadas en la investigación y sugerencias para la recuperación.

En este libro, Shahida combina la investigación con soluciones tangibles y prácticas de gestión y sanación de un modo fácil de entender, interesante y aplicable. Nos ofrece una alquimia medicinal de hechos, compasión y estrategias experienciales para supervivientes de relaciones abusivas, así como para aquellas personas que se encuentran con individuos tóxicos en todos los niveles del espectro de toxicidad. Si has estado buscando formas eficaces de abordar el problema de las personas tóxicas en tu vida, ya sean benignas o malignas, no hace falta que busques más. Has hallado el recurso adecuado, dado que las páginas que encontrarás a continuación están repletas de semillas de sabiduría basadas en evidencias y fundamentadas en fortalezas. También se te ofrecerán magníficas recomendaciones, así como estrategias fáciles de implementar sobre temas como poner límites, modalidades de sanación, los cuidados personales y habilidades para gestionar las relaciones de pareja íntimas con personas tóxicas.

Esta última aportación de Shahida al campo permite a las personas altamente sensibles desmantelar los efectos de los adictivos ciclos de abusos, como también superar una relación traumática proporcionando ideas y amplia información sobre las tácticas de abuso psicológico, los efectos del trauma sobre el cerebro y estrategias específicas sobre cómo gestionar mejor la relación con una persona manipuladora. Shahida asimismo entreteje reflexiones cotidianas y ejercicios a lo largo del libro con el fin de reforzar aún más los conocimientos recién adquiridos por el superviviente y aplicar innovadores enfoques curativos.

No tengo ninguna duda de que has buscado y leído numerosos artículos, y que has consultado páginas web, con el fin de encontrar respuestas a tus preguntas sobre el abuso narcisista, sobre las personas altamente sensibles (PAS), las personas empáticas, las narcisistas, los psicópatas y el abuso emocional. Las PAS y las personas empáticas conforman un singular y compasivo grupo de personas que suelen ser blanco de relaciones abusivas. En este libro, Shahida ofrece un análisis completo de la dinámica entre las PAS y las personas tóxicas, junto con vías prácticas para crear un escudo psicológico de protección para la recuperación. Proporciona recursos para que las PAS accedan a sus «superpoderes» y dones innatos, que pueden convertirse en verdaderos activos a la hora de discernir relaciones sanas y de poner límites a medida que se lleva a cabo la sanación. No se me ocurre mejor libro que recomendar para las personas altamente sensibles que quieran comprenderse mejor, saber lo que les hace daño, aprender a sanar y descubrir el modo de avanzar y prosperar.

Mis clientes en la práctica privada muestran un rotundo aprecio por los magníficos trabajos de Shahida, en tanto en cuanto su estilo se centra, de hecho, en los puntos fuertes y en las evidencias. Shahida sabe exactamente qué puede estar experimentando un superviviente de abusos y lo dolorosa que puede llegar a ser la recuperación de un abuso narcisista. Esto es lo que hace que su trabajo llegue a los lectores de un modo empático, al tiempo que los arraiga con firmeza en la realidad de las personas tóxicas y narcisistas. Ella es muy consciente de que los supervivientes suelen interiorizar la culpa que se ha proyectado sobre ellos a través de tácticas como la luz de gas, la atribución de culpas y otras tácticas de abuso emocional. Sabe el esfuerzo que les supone salir del ciclo adictivo que, con frecuencia, desarrollan con sus manipuladores. Con ello, Shahida logra plantear estrategias sólidas, clínicamente relevantes, para sanar de un modo compasivo. Su libro se lee como si se tratara de una conversación con un sabio amigo capaz de confortar los espíritus heridos en el viaje de recuperación de una relación traumática.

Shahida es, sin ninguna duda, una de las voces más cualificadas sobre el tema de la sanación tras una relación abusiva de pareja, y específicamente de los abusos psicológicos. Además, es una *coach*, investigadora y escritora excepcional, una persona de gran integridad que practica lo que predica, lo que la convierte en modelo y ejemplo para sus lectores. Ella sabe lo que funciona, tomando como base sus investigaciones y su labor con personas que sobreviven a relaciones traumáticas; y comparte con valentía y transparencia sus sugerencias sanadoras, fundamentadas en la investigación, en las experiencias personales y en sus conversaciones con otros expertos en el campo.

Así pues, querido lector, búscate una taza de té caliente, enciéndete el fuego en el hogar y acurrúcate en el sofá con este libro. Disfruta de esta magnífica aportación al campo de la recuperación de los abusos psicológicos y de las personas altamente sensibles. La sanación te espera a medida que avanzas en tu transformación hasta convertirte en una persona altamente sensible del todo empoderada.

ANDREA SCHNEIDER
Máster en Trabajo Social y
Trabajadora Social Clínica Licenciada

INTRODUCCIÓN

La vida de la persona altamente sensible entre individuos tóxicos

Cuando mi artículo «20 diversion tactics highly manipulative narcissists, sociopaths, and psychopaths use to silence you» («20 tácticas de diversión que los narcisistas, sociópatas y psicópatas altamente manipuladores utilizan para silenciarte») se hizo viral en 2016, llegó a más de 18 millones de personas en todo el mundo. Tanto supervivientes de individuos narcisistas como profesionales de la salud mental compartieron el artículo con gran fervor. Las personas se sorprendían al ver expuestas y detalladas las tácticas de manipulación que habían sufrido en primera persona, y muchas comentaban que yo debía de haber conocido a su expareja, hermano o hermana, progenitor o compañero de trabajo narcisista. Recibí muchas cartas en las que me decían que había captado algo para lo cual habían intentado encontrar algún tipo de validación y que llevaban años intentado comprender.

Las personas altamente sensibles (PAS) se hallan en una posición singular para encontrarse con una amplia variedad de personas tóxicas, porque los manipuladores buscan a personas empáticas, escrupulosas y con cierta capacidad de respuesta emocional que explotar. Muchas de las personas que se pusieron en contacto conmigo habían experimentado el extremo superior del espectro de toxicidad, como son los individuos narcisistas, sociópatas y psicópatas. Estas víctimas:

- se habían encontrado con individuos tóxicos y narcisistas en sus relaciones, amistades, lugares de trabajo e, incluso, en su propia familia;
- habían sido idealizadas, infravaloradas, saboteadas e, inevitablemente, descartadas por estos personajes tóxicos de forma cruel e inmisericorde;
- habían sufrido meses, años, e incluso décadas, de abusos verbales, emocionales, y en ocasiones físicos o sexuales, diseñados para atormentarlas y destruirlas psicológicamente;
- habían sido aisladas, coaccionadas, menospreciadas y controladas por sus parejas en privado;
- habían soportado acosos, celos patológicos, ataques de ira, infidelidades crónicas y mentiras patológicas;
- habían sido el blanco de maquinaciones y ardides que las habían socavado emocionalmente, agotando sus recursos.

Como escritora de temas de autoayuda, he intercambiado correos con miles de supervivientes de personas tóxicas, y he descubierto que a los narcisistas y a las personas tóxicas les resulta bastante fácil convencer a personas altamente empáticas y conscientes de que son paranoides, que pierden los estribos o simplemente «reaccionan de forma exagerada» cuando son manipuladas. De ahí que suelan elegir a estas personas como blanco, porque son fáciles de condicionar con el fin de que duden de sí mismas.

Es muy probable que, si estás leyendo este libro, sea porque te sientes abrumado por las personas tóxicas que pueda haber a tu alrededor. Tanto si se trata de un compañero de trabajo controlador que no deja de criticarte como si es una pareja abusiva que te menosprecia a diario, una persona tóxica puede pasar factura a tu mente, tu cuerpo y tu espíritu. Los más «benignos» entre los manipuladores pueden generar inconvenientes, estrés, irritación e insatisfacción general, y, en algunas ocasiones, pueden utilizar tácticas silenciadoras. Sin embargo, los manipuladores más «malignos», como son los narcisistas que carecen de empatía, provocan serios daños y pueden poner en riesgo tu salud, tu bienestar e incluso tu vida, al utilizar tácticas de manipulación como modo primario de interacción con el mundo. Los manipuladores malignos muestran comportamientos programados que son muy difíciles de cambiar, mientras que los manipuladores benignos pueden ser más receptivos al cambio y al establecimiento de límites. Y, aunque existe toda una escala de niveles de toxicidad, estar preparado ante todo tipo de personas tóxicas que puedan entrar en tu vida es una habilidad vital esencial que toda PAS debería desarrollar.

Los supervivientes que me han escrito son seres humanos altamente sensibles y empáticos, a quienes les han dicho toda la vida que son «demasiado sensibles». Si crees que puedes ser una PAS, el propósito de este libro es enseñarte a utilizar esa misma sensibilidad de forma que escuches lo que dice tu instinto acerca de estos artistas del engaño, en vez de traicionar una y otra vez a tu voz interior.

El hecho de que esta forma de manipulación sea tan encubierta puede haberte llevado a sufrir en silencio durante mucho tiempo, hasta que has logrado identificar lo que estaba ocurriendo. Éste es un efecto secundario bastante habitual de lo que conocemos como *luz de gas*,[1] una táctica que suele darse en las relaciones tóxicas en la que tanto tu percepción como tu visión de la realidad se ven una y otra vez cuestionadas e invalidadas mientras te dicen que te estás imaginando las cosas, que eres hipersensible y que sacas las cosas de quicio a pesar de las innumerables evidencias en tu contra. Una superviviente, Annie, me estuvo contando lo desconcertantes que eran para ella las enloquecedoras conversaciones que mantenía con su narcisista pareja. «Cuando empezamos a discutir y yo respaldo mi posición con hechos, él empieza a darle vueltas y traza con ellos tantos círculos que, al final, utiliza esos mismos hechos a su favor y me deja desconcertada y sintiéndome "estúpida", de tal manera que me voy pensando cómo se me ocurrió tan siquiera defenderme».

Una táctica de desorientación como ésta hace que la víctima se sienta como si estuviera caminando sobre cáscaras de huevos, dudando de sí misma en todo momento. Chris sufrió abusos emocionales y mentales, además de coacciones de carácter sexual, a manos de su narcisista novia. Su relación estaba infestada de luz de gas y de manipula-

---

1. *Gaslighting* en el original inglés. *(N. del T.)*

ciones psicológicas, que son muy habituales en los casos de abuso encubierto. Chris decía: «Aquello me llevó a cuestionarme mis instintos y mi cordura. Ella no dejaba de dar vueltas con historias contradictorias, descartando todas las evidencias que indicaban que yo estaba en lo cierto. Intentaba forzarme a realizar prácticas sexuales con las que yo no me sentía a gusto, y me avergonzaba cuando no accedía».

La luz de gas puede ser excesiva cuando el abusador la emplea para aparecer como víctima, lo cual suele suceder en casos de abuso. Cuando una persona tóxica no puede controlarte, suele recurrir al control de la conversación por medio de la calumnia y de una buena campaña de difamación. Otra superviviente, Molly, me contó una desgarradora historia en la que su narcisista pareja intentó escenificar su propia muerte para incriminarla y sembrar dudas sobre la cordura de ella. Molly escribió: «Él se puso una pistola en la cabeza y dijo que se mataría, y que lo haría de tal modo que pareciera un asesinato para asegurarse de que me incriminaran si yo no me pegaba un tiro después de él. A su familia y a nuestros amigos más cercanos les decía que nos queríamos mucho, pero a mis espaldas comentaba que yo estaba loca y que tenía ideas suicidas, y que él hacía todo cuanto podía por ayudarme. Yo nunca he tenido ideas suicidas. Aquello hizo que mis amigos más cercanos y mi familia perdieran toda la confianza en mí, de tal modo que consiguió aislarme por completo del mundo exterior, limitándome a una comida al día mientras daba de mamar a nuestro bebé».

Aunque la toxicidad varía en intensidad a lo largo de todo un espectro, no se puede desestimar la inmisericorde crueldad de estos individuos, sobre todo cuando carecen de empatía, como les sucede a los narcisistas. No hablamos de problemas de relación normales, ni se trata de un problema de «comunicación». Nos enfrentamos a un abyecto abuso y a unas manipulaciones psicológicas meticulosamente calculadas. He escuchado innumerables historias de individuos narcisistas que tomaban represalias contra sus víctimas, sobre todo cuando éstas decidían abandonarlos; les hacen de todo, desde acecharlas y acosarlas hasta publicar sus fotos íntimas en las redes sociales, e incluso intentar difamarlas en el lugar donde trabajan. Por ejemplo, bastantes víctimas me han explicado que sus parejas tóxicas intentaron hacerlas aparecer como drogadictas ante sus jefes en el trabajo.

También se me ha informado de un gran número de incidentes desagradables en los que estas personas tóxicas abandonaban a sus seres queridos en momentos de angustia, dolor, durante embarazos o abortos, e incluso mientras padecían enfermedades que suponían un riesgo para la vida. Como me contó Tracy, «supe que el tejido que el médico había extraído era un cáncer de un tipo agresivo e impredecible, y que tendrían que extirparme el tumor o, de lo contrario, podría hacer metástasis en otros tejidos u órganos. Se lo conté a él aquella misma noche mientras estábamos cenando en un restaurante. ¿Sabes lo que me respondió? "¿Vamos a estar hablando del cáncer toda la noche?". A la mañana siguiente de la intervención quirúrgica, le pregunté si me podía hacer un café, y me respondió: "¿Es que no puedes hacértelo tú misma?"».

Para las personas normales, empáticas, tal crueldad resulta difícil de creer. Para un narcisista, sin embargo, es una forma de vida. Cuanto más lejos se halla una persona en el espectro de la toxicidad, más sádica e intencionadamente maliciosa puede llegar a ser. Como me contaba otra superviviente, Paulina: «Él me dijo: "Si no te hago llorar cada año el día de tu cumpleaños, no he hecho mi trabajo". Y no estaba hablando de lágrimas de felicidad. Lo encontré en la cama con una dama de honor de la boda de un amigo, en el hotel, después de la fiesta. Al abrir la puerta de nuestra habitación del hotel, los encontré allí, juntos, y él me dijo: "¿Te pones tú en medio o me pongo yo?"».

Muchas personas nos hemos encontrado con individuos tóxicos en nuestra propia familia, o incluso crecimos con una persona tóxica. Una superviviente, Damiana, explica que su madre pasaba de ella cuando estaba enferma. «Se pasaba todo el día fuera de casa. Mi padre me encontró una vez desvanecida en medio de mis propios vómitos. Me estaba muriendo a causa de una peritonitis y tuvieron que operarme en urgencias. Me pasé una semana en el hospital. Mi madre vino a verme sólo dos o tres veces, y nunca se disculpó por haberme dejado sola. La segunda vez, cuando tenía doce años, enfermé de varicela. No me encontraba bien, pero mi madre no quiso que me quedara en casa. El primer día de mi enfermedad entró en mi dormitorio gritando como una loca: "¡Fuera de esta casa! ¡No quiero verte!". Tuve que pasar la enfermedad en la calle, con unas costras en la piel que me picaban horriblemente, avergonzada y sin saber dónde esconderme».

El impacto de una paternidad o maternidad tóxica puede tener efectos de por vida en sus víctimas. Amanda, que creció con un padre narcisista que la sometía a abusos físicos, me contó que todavía sufría los efectos de haber tenido un padre tan maligno. Explicaba que se pasaba la vida sumida en el pánico, pensando si habría tomado la decisión acertada en cualquier asunto, y que solía buscar la ayuda de otras personas para validar lo que percibía o hacía. Me dijo: «Cuestiono constantemente la valoración que hago de cualquier situación o mi respuesta ante ella. Es como si no confiara en mi propio sentido de la realidad». Sólo cuando consiguió ponerle «nombre» al comportamiento de su padre fue cuando comenzó a comprender la situación y a sanar de su trauma. «Siempre tuve la sensación de que había algo mal en mí cuando era él el que tenía el problema», concluyó.

Este tipo de cuestionamiento es bastante habitual entre adultos que fueron hijos o hijas de progenitores narcisistas, así como entre supervivientes de una relación abusiva con un narcisista. Como pude constatar en mis investigaciones para un libro anterior, tras analizar 733 casos de adultos que se habían criado con progenitores narcisistas, la luz de gas continuada no sólo fomenta las dudas sobre uno mismo, sino que deja al superviviente con una autoestima muy inestable en su edad adulta. Los adultos criados por narcisistas se sienten «defectuosos» debido a que experimentan estos traumas a una edad muy temprana y vulnerable. Como consecuencia de ello, se sienten avergonzados y culpables, se provocan lesiones, caen en adicciones, alimentan ideas suicidas y desarrollan un patrón de comportamiento que los lleva a relacionarse con narcisistas en su edad adulta.

Las relaciones de amistad también pueden verse afectadas por abusos narcisistas. Los amigos narcisistas suelen poner su mirada en aquellas personas por las que se sienten más amenazadas o de las que más envidia tienen. Al igual que la dinámica en las relaciones, he oído muchas historias de amigos narcisistas que, en primer lugar, halagan y encandilan a las PAS para ganarse su confianza, para luego sabotearlas y difamarlas. Una superviviente me contó la súbita traición que había sufrido por parte de una amiga que, aunque en un principio se había mostrado amigable y afectuosa, más tarde se dedicó a ir en pos de su novio con un increíble sadismo. «Se sentía orgullosa de destrozar mi relación, de sentirse por encima de mí. Incluso llegó a decirme que haría público aquel drama y que me iba a desprestigiar delante de nuestro círculo mutuo de amigos». El impacto de tal traición, junto con una difamación bien calculada, fue tan abrumador para ella que comenzó a padecer hipertensión, falta de apetito y depresión. «Fue una experiencia de aprendizaje temprana sobre cuán cruel puede llegar a ser una persona», me dijo.

Las PAS como tú, que se han visto atrapadas por un depredador tóxico, suelen culparse a sí mismas y mirar hacia dentro cuando se encuentran ante un abuso insidioso. Después de todo, en nuestra sociedad se nos enseña a no tomar en consideración nuestros instintos y a tratar nuestra alta sensibilidad como un problema en vez de como una habilidad potencial. Así, manifestar nuestra opinión frente a un manipulador y, en última instancia, defender nuestras posturas puede antojársenos algo así como una sentencia de muerte, sobre todo cuando el manipulador en cuestión lleva una falsa máscara muy bien construida. Como me dijo otra superviviente, Rebeca, su exmarido era una figura pública que se ocultaba tras un «manto de justicia». Rebeca me contó: «Me afectó de muchas maneras. Ni yo misma sabía quién era. No podía tomar decisiones por mí misma. Me sentía impotente y desesperanzada. Me odiaba. Llegó un momento en que pensé que era yo la que estaba loca». He escuchado innumerables historias de supervivientes de narcisistas que se las ingeniaban para convencer a los demás de que no había abuso en modo alguno, fuera cual fuera su forma, verbal, físico, sexual, económico o emocional.

Además, podemos sentirnos invalidados por el sistema judicial, por la aplicación de la ley, por la familia, los amigos y, en ocasiones, incluso por nuestro propio terapeuta, que no se da cuenta de que lo que tiene delante no es un problema de relaciones ni una ruptura «normal», sino una dinámica de poder que trastoca todos los aspectos de la vida y la salud mental del superviviente. Los abusos emocionales y psicológicos destruyen la autoestima, dejando efectos debilitadores a largo plazo.

Pero lo que hace aún más traumático este tipo de abuso es no poder encontrar validación alguna para el inmenso dolor que se experimenta. Las víctimas van a veces a terapia buscando maneras de abordar este tipo de abuso, pero se les hace un mal diagnóstico o se les insta a adaptarse a sus abusadores en vez de animarlas a abandonar la relación. Incluso pueden verse sumidas en una nueva luz de gas si se les hace creer que su abusador tiene empatía y es capaz de cambiar. También están aquellas personas que tienen la desgracia de acudir a terapia de parejas y su narcisista pareja consigue embaucar al terapeuta, haciendo el papel de víctima y utilizando el espacio terapéutico como patio de recreo de sus manipulaciones.

Como ves, no todos los profesionales de la terapia ni del mundo académico comprenden por completo las dinámicas de la manipulación encubierta y el abuso por parte de estos depredadores. Pero ¿por qué iban a hacerlo? Los verdaderos narcisistas y psicópatas no van a terapia, a menos que se lo ordene un juez, y muchos llevan una máscara falsa muy convincente. Las personas tóxicas viven de la negación y de la sensación de tener derecho a todo, y se sienten recompensadas por su comportamiento explotador. La verdadera naturaleza de su comportamiento trastornado suele hallarse oculta tras unas puertas herméticamente cerradas; de modo que, para sanar, vas a necesitar la validación de otros supervivientes y de terapeutas expertos en trauma que verdaderamente «lo capten».

Al igual que todos estos supervivientes y que posiblemente tú, yo también conozco de primera mano cómo operan las personas tóxicas y qué se siente al moverse por el mundo siendo una PAS. Crecí sufriendo *bullying* por parte de mis compañeros de clase y presenciando abusos emocionales. De hecho, éstos fueron los catalizadores que me llevaron a un largo viaje de cuidados personales. Mi alta sensibilidad y mi empatía me convertían en un blanco vulnerable para diversos tipos de personas tóxicas. La programación recibida en la infancia me había condicionado para que estableciera amistades y relaciones con individuos narcisistas y carentes de empatía. Y, al igual que muchos supervivientes de narcisistas, terminé inmersa también en entornos laborales tóxicos. Aprender a adaptarme a este tipo de situaciones, a enfrentarme a ellas y, en última instancia, salir de ellas manteniéndome fiel a mí misma, me supuso un importante reto, sin el cual no habría podido desarrollar determinadas líneas en mi vida.

Sé por mí misma y por mis conversaciones con supervivientes que sanar la devastación emocional que estos tipos tóxicos provocan precisa un enorme trabajo interior. A la tierna edad de veinte años, yo practicaba meditación a diario, realizaba todo tipo de yoga y experimentaba con terapia cognitiva conductual, desensibilización y reprocesamiento por movimientos oculares, técnicas de liberación emocional y terapia dialéctica conductual como modos potenciales de sanación. Leía cientos de libros de autoayuda, y me matriculé en diversos cursos de grado en psicología, psicopatología y sociología en la Universidad de Nueva York, la Universidad de Columbia y la Universidad de Harvard. Investigué el *bullying* y encuesté a miles de supervivientes como yo para mis libros. Para mi tesis de máster en la Universidad de Columbia, entrevisté a víctimas de *bullying,* algunas de las cuales se habían convertido posteriormente en blanco de parejas narcisistas. Como resultado de todas estas experiencias, obtuve una profunda comprensión y unos sólidos conocimientos sobre las tácticas que las personas tóxicas utilizan y sobre cómo enfrentarse a ellas de forma eficaz en diversos contextos.

Es probable hayas descubierto que tus interacciones con personas tóxicas te han proporcionado una serie de habilidades y de conocimientos que no poseías con anterioridad. Al igual que muchos niños que sobreviven en zonas de guerra, al llegar a la edad adulta me resultó más fácil reconocer la toxicidad que a la mayoría de las personas. Y descubrí que existía un espectro: en tanto que existen personas tóxicas que no tienen intención de serlo, hay otras que son deliberadamente maliciosas. Mientras que hay un puñado de personas tóxicas que son capaces de cambiar con esfuerzo y a través de un proceso brutal de autorreflexión, la mayoría de ellas mantiene su comportamiento artero y agresivo. Las PAS como yo tenemos que aceptar estas incómodas verdades con el fin de comprender la mentalidad de esas personas que intentan hacernos daño.

Si eres una PAS, tal vez hayas desarrollado con los años un hábito autodestructivo, el de intentar educar a una persona tóxica para que sea más empática y considerada. Probablemente habrás tenido que forcejear poniendo límites e intentando liberarte de personas tóxicas. Este libro pretende ayudarte para que abandones esta costumbre dañina y para que te centres en tu propio cuidado personal, en tus límites y en tu protección. En este libro, he integrado lecciones de vida y sabiduría no sólo de mi propia vida, sino también de todo lo que he aprendido con miles de supervivientes y con muchos expertos con los que he conversado a fin de formular consejos razonables para lidiar mejor con estos tipos tóxicos.

A medida que vayas trazando unos límites saludables, serás consciente de que no te corresponde a ti arreglar a nadie ni enseñarle las normas básicas de la decencia humana. No eres su padre ni su madre, ni tampoco su terapeuta; y, sin duda, has sido bastante generoso con personas que no se merecían tanto esfuerzo por ayudarlas. Dedica mejor ese tiempo a considerar si esas personas merecen estar en tu vida, en lugar de alimentar su apego a ti intentando «cambiarlas». Son adultos y pueden cambiar por sí solos a su propio ritmo.

Este libro no pretende sustituir terapia alguna. Si bien ha sido revisado por un profesional clínico, no pretende ser otra cosa que una guía de autoayuda. Convendrá que consideres acudir a terapia con un profesional si tienes un trauma que sanar, si tienes dudas acerca de cómo poner en práctica estas sugerencias o si te preocupa tu seguridad. Estos consejos de cuidado personal no pretenden ser otra cosa que un suplemento en tu viaje hacia una mayor autoestima, hacia la sanación y el establecimiento de límites. Toma lo que te venga bien y adáptalo a tus circunstancias personales. Tengo la esperanza de que, con la información de este libro, no sólo aprenderás a hacer uso del don que supone tu alta sensibilidad, sino que también obtendrás muy buenas estrategias para lidiar con personas tóxicas.

Si eres consciente de que eres una PAS y tienes la costumbre de establecer contacto con personas tóxicas, convendrá que sepas que no estás solo. Aunque algunos de los rasgos que te convierten en una PAS pueden hacerte vulnerable a los depredadores emocionales, también tienes rasgos que te pueden resultar útiles para detectar a las personas tóxicas, establecer límites sólidos y enfrentarte a sus manipulaciones directamente.

Quizás tu entorno social te haya enseñado que tu sensibilidad es una debilidad, pero puede ser tu mayor punto fuerte. Tu sensibilidad «extra» es un sistema de alarma interior y un escudo, pues se dispara con más rapidez en presencia del peligro. La clave estriba en que sintonices con tu sensibilidad y escuches a tu voz interior. Como persona empática que eres, tu sensibilidad es un superpoder. En los siguientes capítulos aprenderás cómo usar exactamente este superpoder para distinguir mejor los diferentes tipos de personas tóxicas y cómo manejarte en estas relaciones de la forma que mejor satisfaga a tu alta sensibilidad y a tus necesidades de cuidado personal.

CAPÍTULO 1

LA TRINIDAD

PAS, manipuladores tóxicos y narcisistas

¿Tienes a diario emociones intensas o abrumadoras? Te sientes como una esponja emocional, quedándote una y otra vez con los estados de ánimo de los demás. Cuando interactúas con alguien, lo absorbes todo porque sintonizas profundamente con sus cambios en las expresiones faciales, con sus leves matices en el tono de voz y sus gestos no verbales. Las críticas y los conflictos tienen unos efectos devastadores sobre ti y pueden arruinarte el día por completo. Estar entre multitudes te agota, las luces brillantes te molestan y te incomodan las texturas ásperas y los aromas intensos. Con frecuencia, te relacionas con personas tóxicas y los narcisistas se aprovechan de ti. Sólo por el hecho de leer este libro es muy probable que ésta sea tu realidad y que seas lo que las investigaciones en psicología denominan *persona altamente sensible (PAS)*.

Quizás te hayas sentido siempre diferente de los demás; *sientes* más y experimentas el mundo de una forma más vívida y más profunda, casi como si te encontraras el mundo a un mayor volumen. Como afirma Elena Herdieckeroff (2016) en su Charla TED sobre las personas altamente sensibles, «todos tus sentidos están en estado de alerta […]

todas tus emociones se magnifican. Un simple estado de tristeza es un profundo pesar, y la alegría es puro éxtasis. También te preocupas más allá de lo razonable y empatizas ilimitadamente. Es como si estuvieras en osmosis permanente con todo lo que te rodea». Esto no es el resultado de una personalidad extravagante; es la bendición y la maldición de un rasgo genético concreto. La alta sensibilidad es una propensión genética que nos permite procesar los estímulos de forma más profunda, captando las sutilezas de nuestro entorno y llevándonos a tener percepciones más intensas de las experiencias, tanto las negativas como las positivas.

Si eres altamente sensible, no estás solo, aunque te parezca que sí. Según la investigadora Elaine Aron, las PAS constituyen entre el 15 y el 20 % de la población (2016, xxv). Una PAS o alguien con sensibilidad para el procesamiento sensorial tiene una capacidad de respuesta superior, emocional y físicamente, ante sí misma, ante su entorno y en sus relaciones con los demás. Como PAS, dispones de un radar muy bien sintonizado con todo cuanto ocurre a tu alrededor. Este rasgo te hace más propenso a la sobreestimulación, pero tiene también muchas ventajas, pues te permite discernir mejor todo en tus interacciones con los demás, una vez aprendes a sintonizar con tus percepciones realzadas.

Sin embargo, nuestra alta sensibilidad nos hace más vulnerables a las personas tóxicas. Esto se debe a que las PAS, junto con esas personas a las que coloquialmente denominamos «empáticas», con las que guardan una estrecha relación, pueden tomar con facilidad las emociones de los demás como propias. Debido a que nuestros límites son porosos, terminamos quedándonos con el dolor y el estrés de los demás, absorbiendo con frecuencia su negatividad en nuestra vida cotidiana, más que cualquier persona promedio. El hecho de que seamos más conscientes y empáticos, y que sintonicemos mejor con las necesidades de los demás, hace que las PAS nos veamos más fácilmente atrapadas en las redes de las personas tóxicas. Pero antes de profundizar en esa dinámica, vamos a explorar más a fondo el rasgo de la alta sensibilidad, pues comprenderte a ti mismo mejor te ayudará a percibir con más precisión lo que sucede para comenzar a pavimentar el sendero hacia una vida más saludable como PAS.

La ciencia de la alta sensibilidad

La alta sensibilidad no es sólo un sentimiento; es un hecho científico. En un estudio realizado por Bianca Acevedo y sus colegas (2014), los escáneres de imagen por resonancia magnética funcional (IRMf) revelaron que los cerebros de las PAS reaccionaron con más intensidad a imágenes emocionalmente evocadoras. Las regiones del cerebro relacionadas con la conciencia, la empatía, la integración de la información sensorial, el procesamiento de recompensas e, incluso, la planificación orientada a la acción se activaron en mayor medida en las PAS que en sus menos sensibles pares cuando contemplaban expresiones faciales tanto de personas conocidas como de personas extrañas. Esto podría explicar el motivo por el cual las PAS suelen tener una respuesta más acentuada ante situaciones sociales y las emociones de los demás que la mayoría de las personas. Pero aún hay más en la ciencia que explica por qué respondemos como lo hacemos.

Por qué sentimos más: la empatía y las neuronas espejo

¿Te has preguntado alguna vez si existe un motivo por el cual tienes unas respuestas emocionales y empáticas más intensas ante el dolor de los demás, pudiendo llegar a sentirlo como si fuera tuyo propio? ¿Por qué el hecho de ver a alguien sufriendo te afecta a ti más profundamente que a los demás? ¿Por qué tiendes a intentar «arreglar», rescatar y sanar a los demás? Existe una razón biológica para eso: las *neuronas espejo,* un tipo concreto de células cerebrales sensorio-motrices que se activan de la misma manera que en otra persona cuando la observamos llevar a cabo una acción, casi como si estuviéramos realizando la acción nosotros mismos, aunque no hayamos movido ni un músculo (Marsh y Ramachandran, 2012).

Como ya hemos visto, las investigaciones confirman que entre las áreas del cerebro con mayor actividad en las PAS se halla el sistema de neuronas espejo, que está asociado a las respuestas empáticas, a la conciencia, al procesamiento de la información sensorial y a la planificación de acciones. Como consecuencia de ello, nuestra empatía parece estar como realzada, y somos «esponjas» para las emociones de los demás. Por otra parte, las PAS están más orientadas a la acción y son más empáticas cuando presencian el dolor de otras personas (Acevedo *et al.,* 2014). El sistema de neuronas espejo nos permite «sentir» lo que otra persona podría estar sintiendo cuando vemos a alguien haciendo algo, dado que se activan las mismas regiones de nuestro cerebro que se verían involucradas al realizar esa misma actividad. El sistema de neuronas espejo puede realizar tanto las experiencias positivas como las negativas en situaciones sociales (Aron, 2016). Es decir, podemos presenciar el dolor de alguien y sentir como si lo estuviéramos experimentando nosotros mismos, de la misma manera que podríamos experimentar su júbilo ante una buena noticia.

Por ejemplo, observar a otra persona llorando puede hacernos llorar de inmediato, porque sentimos el peso de su malestar y su sufrimiento. Si una persona a la que queremos nos cuenta un acontecimiento traumático por el que pasó, podemos experimentar una especie de trauma secundario. Podríamos visualizar los terribles momentos por los que se vio obligado a pasar durante ese acontecimiento traumático y verlo en nuestra mente como si hubiéramos estado allí, experimentando lo que esa persona soportó. Nos ponemos en el lugar de esa persona de una manera muy vívida.

Esta forma de sensibilidad puede llevar a dos personas empáticas a establecer una fuerte conexión. Sin embargo, también puede traer como consecuencia una relación unilateral parasitaria con personas tóxicas. Como PAS, solemos responsabilizarnos por las emociones y los problemas de los demás. Y, aunque este alto nivel de empatía y el impulso de «rescate» puede ser una ventaja si nos dedicamos al activismo y ayudamos a poblaciones necesitadas, también nos hace más vulnerables ante las personas tóxicas, que buscan nuestra simpatía con el fin de continuar su comportamiento destructivo. Cuando nos influye el dolor de otra persona, dejamos de tener en cuenta cómo nos está tratando esa persona a *nosotros.* Si nos molesta, nos reconciliamos con ella con rapidez, racionalizando su comportamiento inaceptable. Las personas manipuladoras dependen de este rasgo para explotarnos, como veremos con más profundidad más adelante en este mismo capítulo.

Percepción realzada y sintonización con el entorno

Las PAS no sólo sintonizan con otras personas, sino que también conectan profundamente con su propio entorno. Las investigaciones demuestran que las PAS tienen más actividad en la parte del cerebro conocida como la ínsula, que conduce a un procesamiento más profundo, a sintonizar con los cambios del entorno y a realzar la percepción de las experiencias; las PAS muestran también una conciencia más elevada ante los estímulos sutiles y son más reactivas tanto a estímulos positivos como negativos (Jagiellowicz *et al.,* 2011). La ínsula es la responsable de la conciencia de sí mismo, y juega un papel importante en el procesamiento de las sensaciones corporales que nos ayudan a tomar decisiones. El investigador Bud Cragi (2009) afirma que la ínsula es la responsable de lo que él denomina el «momento emocional global», porque recoge información del entorno, de las sensaciones corporales y de las emociones para crear una experiencia subjetiva del momento presente. Se cree que las PAS procesan su entorno y sus experiencias a un nivel bastante más profundo que la mayoría de la población. Somos capaces de reconocer e identificar patrones, recoger información de forma más completa, conectar experiencias del pasado y del presente, y pensar acerca de decisiones de una manera más completa e intuitiva que las no PAS.

Podrías experimentar un «momento emocional global» cuando conoces a alguien. Mientras te formas una primera impresión general de esa persona, te fijas en los gestos no verbales, en las microexpresiones faciales, en el tono de voz y en el estado emocional, al mismo tiempo que procesas tu propio estado emocional, tus sensaciones corporales y los detalles del entorno. Quizás conozcas a Mary, por ejemplo, que parece encantadora en un principio, pero de pronto percibes un atisbo de desdén, cierta altivez en la manera en que se comporta y un tono de voz dulce fingido, junto con tus propios sentimientos de incomodidad y tus reacciones viscerales provocadas por la ansiedad.

El problema estriba en que, en esta situación, incluso como PAS, quizás racionalices tus observaciones y las desestimes debido a la carismática fachada de Mary. La clave aquí estriba en que tomes conciencia de que tu habilidad para captar los matices es un activo, y no un problema, cuando conoces a gente nueva. Tu cerebro es capaz de recoger y procesar cantidades masivas de información que puede serte muy útil cuando tengas que tomar decisiones, sobre todo cuando se trata de casarse con individuos potencialmente tóxicos.

Tal profundidad de procesamiento puede discurrir en dos direcciones diferentes, dependiendo de las circunstancias: en una situación, es más probable que las PAS sopesen los pros y los contras antes de tomar una decisión; en otra, las PAS pueden procesar con suma rapidez cuando la situación actual se parece mucho a otra del pasado y reaccionan de inmediato ante cualquier peligro que se presente. Como afirma Elaine Aron, «dicho de otro modo, la sensibilidad, o la capacidad de respuesta, como se la suele denominar, supone prestar más atención a los detalles de lo que lo hacen los demás, para luego utilizar este conocimiento para hacer mejores predicciones de cara al futuro» (2016, xv). Tomando esto en consideración, como PAS, tú *ya* dispones de muchas de las herramientas internas necesarias para evaluar y discernir con precisión a una persona tóxica. Lo único que tienes que hacer es escucharte y complementar esa intuición con los pasos basados en la acción que compartiré más adelante en este libro.

Cómo nos conforma el entorno de nuestra primera infancia

«Eres demasiado *sensible* y delicada», me dijo con desdén una compañera de clase, mientras yo lloraba en el patio del recreo, tras escucharle decir algo que me había hecho daño. Yo padecí un *bullying* severo cuando estudiaba en secundaria, y aquello tuvo un profundo impacto en mí. No sólo sentía terror ante mis compañeros de clase, sino que se me menospreciaba por mi forma de reaccionar ante sus abusos. Rara vez alguien validaba mis emociones.

Si eres una PAS, es muy probable que, desde la infancia, te hayan dicho que eres «demasiado sensible». También probables posible que hayas tenido que enfrentarte a elevados niveles de ansiedad, depresión o, incluso, neurosis. Todo esto no es algo que sea necesariamente intrínseco al rasgo de la alta sensibilidad, si bien ser una PAS te puede hacer proclive a ello si, además, tuviste *experiencias adversas de la infancia* (EAI). Este término hace referencia a todos aquellos acontecimientos de la infancia que pueden ser estresantes o traumáticos, como los abusos físicos, sexuales o emocionales, la negligencia o el abandono físico o emocional, presenciar violencia doméstica, tener un miembro de la familia con una enfermedad mental o una adicción, la separación o el divorcio de los progenitores, presenciar malos tratos sobre la madre o el encarcelamiento de un miembro de la familia.

El estudio CDC-Kaiser Permanente de Experiencias Adversas de la Infancia fue una de las investigaciones de mayor alcance realizadas en personas que habían sufrido abusos y abandono en la infancia (Felitti *et al.*, 1998). En él se evaluaron los efectos que los abusos en la infancia habían tenido sobre la salud y el bienestar de las personas en su edad adulta, y se descubrió que aquellas personas que habían sufrido EAI eran más propensas a padecer problemas de salud crónicos, abuso de sustancias, autolesiones y pensamientos suicidas.

Si en tu infancia abundaron los abusos, los abandonos o el *bullying,* tu alta sensibilidad puede interactuar con estas experiencias y generar tales problemas en la edad adulta. La «crianza» interactúa con la «naturaleza»,[2] de tal modo que un entorno tóxico precoz puede llevar a que los tipos altamente sensibles sean más vulnerables al estrés. Como indica Elaine Aron, «las PAS con una infancia complicada son más propensas a deprimirse, sentirse ansiosas y a ser más tímidas que las personas no sensibles con una infancia similar; pero las PAS que tuvieron una buena infancia no corren un mayor riesgo que las otras» (2016, xi). Las PAS tienen también una variación genética que las lleva a tener menos serotonina en el cerebro, un fenómeno que se acentúa aún más en las personas que tuvieron una infancia difícil.

Sin embargo, esta misma variación genética tiene asimismo sus ventajas, pues mejora la memoria de los materiales aprendidos, facilita la toma de decisiones y mejora el funcionamiento mental en general. Como Aron (2016) señala en su libro, se descubrió que los monos rhesus con este rasgo, si habían sido criados por buenas madres, mostra-

---

2. *Nurture* y *nature* en el original inglés, formando así un juego de palabras. *(N. del T.)*

ban algo conocido como *precocidad evolutiva,* caracterizada por ser líderes de sus grupos sociales y por tener altos niveles de resiliencia (Suomi, 2011).

Al ser una PAS, aunque hayas tenido experiencias adversas en la infancia, dispones de muchos dones y capacidades que aportar al mundo. Tu resiliencia y tu capacidad para captar sutilezas y matices que los demás no perciben no tienen parangón, y esto puede actuar *a tu favor,* en lugar de en tu contra, en la medida en que aprendas a utilizar estas capacidades con habilidad para desenvolverte mejor en tus relaciones y en los conflictos.

REFLEXIÓN PARA EL DIARIO: **Experiencias adversas de la infancia**
Ten en cuenta las siguientes preguntas y registra las respuestas en tu diario. ¿Tuviste alguna experiencia adversa en la infancia? ¿De qué modo te ha afectado en la edad adulta? ¿Influyó tu alta sensibilidad en la manera en que respondiste ante ella? ¿De qué manera se manifiesta?

Una nota acerca de las personas empáticas

Aunque hay escépticos que dicen que el término «empático» pertenece al reino de la pseudociencia, las PAS son quizás el grupo social más similar que hayamos podido estudiar científicamente, puesto que sus capacidades se solapan con las de las personas empáticas. Se dice que éstas experimentan de manera directa las emociones de los demás y, según la doctora Judith Orloff, «las personas empáticas sienten las cosas primero y *luego* piensan, lo cual es lo opuesto a cómo funciona la mayoría de personas en nuestra sobreintelectualizada sociedad. No hay ninguna membrana que nos separe del mundo» (2018, 5).

Tampoco es pseudociencia la idea de que podemos llevarnos las emociones de los demás, pues las investigaciones indican que el *contagio emocional,* la tendencia a «pillar» los sentimientos de otras personas, es más habitual de lo que se piensa (Hatfield, Cacioppo y Rapson, 2003). Sherrie Bourg Carter (2012) escribe: «Las investigaciones han demostrado que el mimetismo de un ceño fruncido o una sonrisa, o cualquier otro tipo de expresión emocional, desencadena reacciones en nuestro cerebro que nos llevan a interpretar esas expresiones como si de nuestros propios sentimientos se tratara. Dicho de un modo sencillo, como especie, somos vulnerables de forma innata a "pillar" las emociones de otras personas».

Las PAS y las personas empáticas son profundamente intuitivas, y sintonizan de una manera muy poderosa con las emociones y las energías de los demás. De hecho, experimentamos esa sensación de contagio emocional a un nivel acrecentado. Y, aunque estos dos términos («personas empáticas» y PAS) son diferentes, comparten muchas similitudes y características. Para las PAS, las secciones del cerebro que regulan las emociones tienen simplemente una mayor capacidad de respuesta que las de sus semejantes menos sensibles. Y lo que significa ser una PAS se solapa en gran medida con lo que en nuestra sociedad llamamos «personas empáticas».

Tanto si te consideras una persona empática como si te consideras más bien una PAS, conviene que sepas que, si bien estos consejos y estrategias se adecúan a los rasgos solapados de ambos grupos, utilizaré el término «PAS» a lo largo de este libro.

El espectro de la sensibilidad

Según Elaine Aron, dado que la alta sensibilidad es un rasgo genético, o bien eres una PAS o bien no lo eres; es decir, o tienes el rasgo o no lo tienes. Sin embargo, como se ha señalado, los profesionales de la psicología señalan que crianza y naturaleza van de la mano, de ahí que la predisposición biológica suela interactuar con el entorno para determinar cómo se va a presentar el rasgo. Tu alta sensibilidad interactúa con cualquier trastorno de salud mental, trauma, contexto cultural o religioso, o experiencias adversas en la infancia que puedas tener, dando lugar a una expresión de tu alta sensibilidad que va a ser diferente a la de todos los demás.

Por ejemplo, yo soy una PAS, pero también soy una PAS que creció en Manhattan y vive en la actualidad en Manhattan (un hervidero de ruidos, multitudes y luces brillantes). Y aunque soy inherentemente

31

sensible a estos factores, soy capaz de tolerar esta estimulación tan intensa mejor que la mayoría, porque, siendo niña, me crié en entornos agitados y caóticos, tanto en la escuela como en casa. Como consecuencia de ello, me he llegado a acostumbrar a la sobreestimulación y soy capaz de «desconectarla» a voluntad.

En cambio, otra PAS que viva en un pueblo puede que tenga una elevada sensibilidad a los ruidos fuertes, a la multitud y a las luces brillantes porque no está habituada a un entorno así. No obstante, si sus experiencias de infancia fueron agradables, es probable que responda a nivel emocional con menos intensidad ante situaciones sociales caóticas que alguien en cuyos antecedentes figure el *bullying* o los abusos.

Ambos tipos de personas «cuentan» como altamente sensibles, pero nuestras experiencias dan forma a los grados en los cuales el rasgo se presenta y cómo lo hace.

EJERCICIO: **Lista de verificación de las PAS**

Lee la siguiente lista de conductas sociales que con más frecuencia se asocian con las PAS y señala aquellas que se apliquen a tu caso. Cuantas más marcas hagas, más probabilidades habrá de que seas una PAS.

☐ Reaccionas emocionalmente con mayor intensidad que la mayoría de la gente ante situaciones y personas. Con frecuencia dicen que eres «muy sensible».

☐ Tienes una gran empatía, y sintonizas con los estados emocionales de los demás. Te conviertes en una «esponja emocional» ante los estados de ánimo y los sentimientos de los demás sin darte cuenta de ello.

☐ Muchas veces quieres ayudar a quienes sufren y anticipas las necesidades emocionales de los demás. Dejas lo que estás haciendo para que los demás se sientan cómodos, sobre todo cuando están angustiados.

☐ Tienes intuiciones intensas con respecto a personas, lugares y situaciones que, más tarde, resultan ser ciertas.

☐ Con independencia de si eres más extrovertido o introvertido (en torno al 30% de las PAS son extrovertidas), precisas una cantidad importante de tiempo en soledad para procesar tus experiencias y tus emociones.

- Debido a la profundidad con la que procesas la información, captas sutilezas y matices que los demás no captan. Respondes de un modo intenso a los cambios en tu entorno y a las emociones de los demás. Te gusta «leer» a las personas más allá de las impresiones superficiales, eres capaz de «sentir» cuándo alguien miente, percatarte de las discrepancias entre sus palabras y su lenguaje corporal, y detectar pequeños cambios en las microexpresiones faciales, el tono y los gestos no verbales, que al resto de la gente les pueden pasar desapercibidos.

- Tienes una vida interior rica e intensa, con un alto grado de introspección, creatividad e imaginación. Te puedes sentir atraído por las artes, que serán capaces de conmoverte y evocar respuestas emocionales.

- Eres de carácter generoso y tienes intuiciones agudas acerca de la psique humana. Sanador natural, puede que gravites hacia profesiones que incorporan alguna forma de cuidado, liderazgo o enseñanza.

- El entorno te abruma fácilmente, sobre todo si hay grandes multitudes, luces brillantes, sonidos intensos y aromas fuertes. Normalmente quieres huir de estos entornos y te pone de mal humor no poder hacerlo.

- Le das vueltas a la cabeza a las personas, las decisiones que tomas y las situaciones durante más tiempo que la mayoría de las personas. Por ejemplo, puedes estar rumiando un comentario crítico que te hayan podido hacer durante semanas y te puede llevar más tiempo que a la mayoría superar una ruptura.

- Las interacciones con los demás te estimulan con facilidad. Un minuto antes puedes estar en calma y relajado, y al minuto siguiente, tras una interacción social, puedes sentirte emocionalmente sobrecargado, sin saber por qué.

- Puede que te enfrentes a depresiones, ansiedad y a una baja confianza en ti mismo debido a tu alta sensibilidad y a tu excesiva receptividad a las emociones de los demás. Puede que desarrolles alguna adicción que te permita «anestesiarte» emocionalmente ante la intensidad de los sentimientos que experimentas.

☐ Sueles acercarte a personas tóxicas que traspasan tus límites de manera regular, gente que te exprime y que te explota sin darte demasiado a cambio.

☐ Has tenido una serie de relaciones poco saludables con personas narcisistas que han utilizado tu empatía y tu sensibilidad en tu contra.

Registro de terapia: ¿necesitas un terapeuta?

Recuerda que las PAS que han crecido en entornos traumáticos corren el riesgo de padecer ansiedad y depresión. Su alta sensibilidad puede interactuar con el trauma para generar determinados trastornos de salud mental. Pero, con independencia de cómo fuera tu infancia, conviene que vayas a terapia si te ocurre *algo* de lo siguiente:

- Altos niveles de ansiedad persistente, o bien ataques de pánico reiterados.
- Ansiedad social extrema, como resultado del autoaislamiento.
- Recuerdos traumáticos, pensamientos intrusivos o pesadillas.
- Diálogo interno negativo crónico y autosabotaje.
- Disociación (sensación de estar desconectado de tu cuerpo, del entorno, o de ambos).
- Pensamientos suicidas o planes para causarte algún daño.
- Incidentes previos de autolesiones.
- Síntomas psicosomáticos y problemas corporales que no parecen tener explicación médica.
- Problemas con la imagen corporal y trastornos alimenticios.
- Un acontecimiento traumático reciente, o bien un trauma secundario al presenciar el trauma de otra persona.
- Adicciones o compulsiones, incluyendo rituales obsesivo-compulsivos.
- Un historial de relaciones y amistades abusivas, o de entornos de trabajo explotadores.

- Cualquier forma de psicosis (por ejemplo, alucinaciones, escuchar voces).
- Problemas para mantener unas relaciones saludables o apego a otras personas.

Imanes para las personas tóxicas

Cuando las PAS se ponen en contacto con individuos tóxicos que carecen de empatía o incluso de conciencia, pueden sentirse abrumadas en cuerpo, mente y espíritu. En uno de los foros más grandes de supervivientes de parejas narcisistas, Psychopath Free («Libre de Psicópatas»), se hizo una encuesta *online* para ver qué tipos de personalidad Myers-Briggs tendían a convertirse en víctimas de individuos narcisistas. Como sería de esperar, los tipos más numerosos fueron los INFJ y los INFP (para saber más acerca del Indicador Tipológico Myers-Briggs, *véase* www.myersbriggs.org).[3] Estos tipos de personalidad están asociados a rasgos habituales en las PAS, como la intensidad emocional, la escrupulosidad y un alto nivel de empatía e intuición.

Las PAS pueden convertirse en blanco de aquellos individuos que se encuentran en el extremo maligno del espectro de toxicidad, es decir, personalidades narcisistas, psicopáticas y sociopáticas. Pero existen también personalidades tóxicas estándar que pueden reducir nuestras reservas emocionales. Como veremos más adelante en este libro, estas personalidades se hallan en el extremo más bajo del espectro de toxicidad porque *normalmente* no son conscientes del impacto que tienen y son capaces de reflexionar sobre sus actos cuando se las sitúa ante ellos, incluso muestran mejorías. Estos tipos de personalidad constan de lo que se denomina «asaltalímites», «vampiros emocionales», «enloquecedores» y «buscadores de atención».

---

3. En castellano, puede consultarse «Indicador Myers-Briggs» en la Wikipedia, en https://es.wikipedia.org/wiki/Indicador_Myers-Briggs. *(N. del T.)*

Una visión general de los comportamientos peligrosos de los individuos narcisistas

Profundizaremos en las diferencias que existen entre las personas tóxicas estándar y los narcisistas malignos en el capítulo 2, pero, por ahora, convendrá que diferenciemos los términos para explicar los comportamientos narcisistas. Si ves que alguien utiliza de forma consistente las siguientes conductas para desequilibrarte, quizás estés tratando con un peligroso individuo narcisista.

Luz de gas. La persona que utiliza esta táctica niega tu percepción de la realidad y minimiza el impacto de sus actos abusivos o tóxicos. Dice que estás «loco», patologiza tus emociones, niega haber dicho o hecho algo malo o afirma que todo está en tu imaginación.

El cerrojo y el tratamiento de silencio. Este patrón de comportamiento está ilustrado por la persona tóxica que, de manera reiterada, se niega a conversar antes siquiera de empezar la conversación, o bien te ignora por completo cuando intentas hablarle. Se retira abruptamente durante los conflictos y te aplica tratamiento de silencio, aunque todo vaya bien en vuestra relación.

Falta flagrante de empatía y tendencia a la explotación. Actos carentes de conciencia como la infidelidad, el abandono en momentos de necesidad (como cuando estás enfermo) o situarte en situaciones de peligro son claros indicios de las deficiencias en compasión y empatía del narcisista. Sociópatas y psicópatas van un paso más allá al mostrar poco o ningún remordimiento por sus acciones, sintiendo incluso, en ocasiones, un placer sádico en hacerte daño cuando estás abatido. O bien, si muestran algún remordimiento, no son más que lágrimas de cocodrilo y sollozos fingidos para que te apiades de ellos, con lo cual restablecen la relación para que el ciclo de abusos comience de nuevo.

Mentir de forma patológica. El narcisista te mentirá tanto en cosas grandes como pequeñas, incluso con asuntos irrelevantes. Hace esto para mantener el control. Después de todo, si no te das cuenta de que está mintiendo, tomarás tus decisiones basándote en lo que te cuenta, y no en la realidad. Podría llevarte a una doble vida y enredarte en múltiples asuntos, exponiéndote tanto a daños emocionales como físicos. No se puede confiar en una persona que está engañando una y otra vez. Como la doctora Martha Stout señala en su libro *The Sociopath Next Door*,[4] «el engaño es el eje del comportamiento sin conciencia» (2005, 157). Los narcisistas malignos suelen ser habilidosos en el engaño y la mentira.

Humillaciones encubiertas y abiertas. Los narcisistas deterioran la autoestima de sus víctimas menospreciándolas, degradándolas y abusando verbalmente de ellas. Te hacen cumplidos con doble intención, te ponen motes, te insultan o utilizan un tono condescendiente y desdeñoso cuando hablan contigo. Se enojan contigo o intentan provocarte con comentarios insidiosos disfrazados de «bromas», una táctica muy habitual en los abusos verbales.

Conducta controladora y aislante. Los individuos narcisistas son muy posesivos con sus víctimas y las ven como objetos. Pueden intentar controlar cómo te vistes, si trabajas o no, y con quién interactúas, y buscarán que cortes con tu red social de amigos, con los miembros de tu familia o con tus compañeros de trabajo.

Sabotaje. Según las investigaciones de Lange, Paulhus y Crusius (2017), la envidia maliciosa está asociada a personalidades narcisistas oscuras, e incluye normalmente comportamientos tales como el engaño, el sabotaje y la difusión de rumores acerca de la persona envidiada. Los narcisistas pueden intentar sabotear los éxitos de su víctima, hacer descarrilar sus oportunidades profesionales y arruinar su reputación mediante la humillación y la degradación públicas.

Campañas de difamación. Se trata de campañas basadas en calumnias, diciendo falsedades acerca de ti, denigrándote de manera abierta y captando «aliados» para amedrentarte. En un entorno profesional, los narcisistas pueden ponerte incluso en una «lista negra» de oportunidades, porque amenazas su poder de algún modo.

Coacción o violación sexual. Los individuos depredadores no respetan los límites sexuales. Pueden intentar violarte o coaccionarte para que hagas cosas con las que no te sientes cómodo, ignorando o sobrepasando tus límites físicos con ello.

---

4. Publicado en castellano bajo el título de *El sociópata de la puerta de al lado,* por Ediciones Obelisco, Barcelona, 2019.

Abusos económicos. El narcisista tóxico puede hacer rutinariamente cosas como las siguientes: retener tus ingresos, darte una «asignación», negarse a que trabajes para que seas dependiente de él o mantener un control económico completo de vuestras finanzas conjuntas.

Acecho y acoso. Se trata de un comportamiento habitual en los narcisistas, sobre todo cuando sus víctimas amenazan su poder y control al abandonarlos. Pueden aparecer, llamar, escribir mensajes de texto o mandarte correos electrónicos de una manera inesperada a través de cuentas anónimas, dejarte mensajes de voz amenazadores o perseguirte. También pueden utilizar el ciberacoso o, incluso, emplear dispositivos de rastreo para saber adónde vas.

Abusos físicos. No todos los narcisistas son violentos físicamente, pero convendrá recordar que una persona trastornada puede llevar a cabo una escalada hacia la violencia o llevar a cabo actos violentos, como intentar asfixiar, dar puñetazos, empujones, bofetadas o incluso intentar asesinar a la víctima. Puedes valorar el nivel de peligro pidiendo que el experto en seguridad Gavin de Becker te haga una evaluación, en www.mosaicmethod.com. Si tu preocupación por la seguridad es inmediata, busca algún sitio seguro y llama a alguno de los teléfonos existentes en cada país para prevenir la violencia doméstica, como el teléfono de Atención a Víctimas de Violencia de Género en España, el 016.

REFLEXIÓN PARA EL DIARIO: **Inventario de manipulaciones**
¿Cuál de las tácticas de manipulación mencionadas, si es que se dan, experimentas con más frecuencia en tus relaciones?

La psicología de las personas tóxicas malignas

Los narcisistas con rasgos antisociales, paranoia y sadismo se conocen como «narcisistas malignos» (Kernberg, 1984), y conviene estar al tanto de lo que son capaces de hacer. En la Nochebuena del año 2002, una joven embarazada desapareció en Modesto, California. Le preguntaron al marido, Scott Peterson, si se sometería a la prueba del polígrafo, pero éste se negó. Decía que había estado fuera de casa, pescando en su bote, durante la desaparición de su esposa. Scott parecía ser un marido cariñoso, y su aparente encanto engañó a muchos durante la investigación mientras mentía una y otra vez respecto a su implicación en la muerte de su esposa.

Mientras aún se buscaba el cuerpo de Laci Peterson y de su hijo nonato, Scott llamó a su amante, Amber Frey, y le dijo que estaba pasando la Nochevieja en París. Por escalofriante que parezca, Scott le había mentido a Amber desde el principio de su relación, y le había dicho que había perdido a su esposa semanas antes de asesinar a Laci. Pero, sin él saberlo, Amber fue reclutada para una operación encubierta que, en última instancia, dejó a Scott al descubierto. Cuando se encontraron los cuerpos de Laci y de su hijo nonato en la bahía de San Francisco, Scott fue detenido. Se había cambiado el color del cabello y llevaba el carnet de identidad de su hermano y 10 000 dólares en metálico. Estaba cerca de la frontera con México.

La mayoría de las personas no puede comprender qué llevaría a alguien a matar a su esposa, y mucho menos a su hijo nonato, todo ello mientras se vive una doble vida. Aunque extrema en su trágico final, la historia de Laci Peterson no se diferencia mucho de las de muchas víctimas de narcisistas y sociópatas: el abuso tiene lugar de puertas adentro, en secreto, y las propias víctimas ni siquiera se dan cuenta del peligro que corren hasta que es demasiado tarde. A Scott Peterson se lo veía como a un cariñoso esposo y futuro padre, el «buen chico» de la puerta de al lado. Es habitual que estos tipos tóxicos muestren un comportamiento aparentemente encantador, que oculta el verdadero carácter de un lobo con piel de cordero. Sin embargo, la aguda falta de empatía y de remordimientos de Scott, que lo llevaron a deshacerse de su familia para comenzar una nueva vida con su amante, dejaron al descubierto, en última instancia, lo que era: un depredador maligno. Para un sociópata, cualquier cosa que se interponga en el camino de aquello que desea puede ser aniquilado sin remordimiento alguno.

Estos tipos no son tóxicos en el sentido en que lo son los manipuladores estándar benignos y frustrantes. Estos tipos son claramente peligrosos. Y, aunque la mayoría no perpetra asesinatos, provoca daños irreparables a los demás, traumas para toda la vida. Lo que se conoce como «abuso narcisista» es una forma de violencia insidiosa y encubierta en la cual un narcisista o sociópata emocionalmente abusivo recurre una y otra vez a tácticas como la luz de gas, el cerrojo, las manipulaciones, las coacciones y el control de sus víctimas. En ocasiones, llevan a cabo horribles actos de violencia o conducen a sus víctimas al suicidio.

Con el fin de enfrentarse mejor a estas tácticas de manipulación, convendrá que conozcamos la psicología de los individuos narcisistas. No se puede subestimar el número de personalidades narcisistas, sociopáticas y psicopáticas en nuestra sociedad, cuando la psicóloga clínica Martha Stout asegura que uno de cada veinticinco estadounidenses es un sociópata (2005, 6). Se trata de una cantidad aterradora, dado que los sociópatas no tienen conciencia, explotan de manera activa a los demás para beneficio y placer personal, y no sienten remordimiento alguno por sus actos. Pero es que, aunque el número de depredadores en nuestra sociedad fuera bajo, el hecho de que estos tipos tóxicos se hagan harenes de admiradores hace que puedan dañar a muchas víctimas a lo largo de su existencia, con personas altamente sensibles y empáticas como blancos principales.

Rasgos de los trastornos de personalidad

Según algunos terapeutas, se estima que más de 158 millones de personas en Estados Unidos se han visto negativamente afectadas por los trastornos de personalidad de otros individuos, en concreto trastornos de personalidad narcisista y trastornos de personalidad antisociales (Bonchay, 2017):

El *trastorno de personalidad narcisista* está asociado con la sensación exagerada de tener derecho a todo, la necesidad de admiración, cierta tendencia a explotar a los demás, una despiadada falta de empatía, un arrogante sentido de superioridad y megalomanía.

El *trastorno de personalidad antisocial* (vinculado con los términos, más coloquiales de «sociópata» y «psicópata»), además de incluir esos rasgos, muestra también falta de remordimiento o conciencia, cierto encanto superficial y frívolo, explotación de los demás para beneficio y placer personal, y un historial de actos criminales (APA, 2013).

Las personas que cumplen con los criterios de lo que se conoce como la «tríada oscura» (narcisismo, psicopatía y maquiavelismo) pueden ser bastante peligrosas y sádicas. Utilizan su empatía cognitiva para evaluar intelectualmente lo que más puede dañar a sus víctimas, e infligir dolor les proporciona placer, pero carecen de la empatía afectiva suficiente como para preocuparse por el impacto que sus actos puedan tener en los demás.

¿Cómo puede alguien mostrar tanta crueldad e indiferencia con gente de su propia familia? Suponemos que este comportamiento debe proceder de algún tipo de psicosis o demencia, pero éste no es el caso en los trastornos de carácter. Los tipos tóxicos malignos no tienen un déficit de juicio; más bien, carecen de emociones prosociales que podrían inhibir su agresividad hacia los demás. Ya hemos visto que las PAS disponen de un cerebro en gran medida empático. Pues bien, el cerebro de los narcisistas y los psicópatas viene a ser todo lo contrario. En investigación, se ha visto que el cerebro de los narcisistas muestra anormalidades en la materia gris, precisamente en aquellas áreas vinculadas con la empatía (Schulze *et al.*, 2013). Además, las investigaciones demuestran que los psicópatas tienen anormalidades estructurales y funcionales en el córtex prefrontal orbitofrontal y ventromedial, que es la parte del cerebro implicada en la empatía y la culpabilidad, así como en la amígdala, que juega un papel crucial en el procesamiento del miedo y de las emociones (Glenn y Raine, 2014). La conectividad entre estas dos regiones parece estar también afectada, impidiendo que la información emocional de la amígdala que indica la amenaza o el daño a otras personas informe al sistema de toma de decisiones del psicópata (Motzkin *et al.*, 2011).

A diferencia de los individuos que son agresivo-reactivos (es decir, como reacción al miedo o a alguna amenaza), los psicópatas muestran una respuesta reducida en la amígdala, por lo que recurren a una agresión instrumental premeditada orientada a la consecución de una recompensa o meta. No «atacan» por dolor o como respuesta a una posible amenaza, sino que abusan de los demás desde la falta de empatía, desde una reacción deficiente ante estímulos aversivos, desde la audacia y desde la pobreza emocional.

Los psicópatas también carecen de «sentido moral». Muestran déficits en otras áreas del cerebro: el hipocampo, que facilita el acceso a recuerdos emocionales y al condicionamiento del miedo, que les permitiría aprender de las consecuencias; el cuerpo estriado, que está vinculado a una mayor necesidad de recompensas y de estimulación; y las regiones del cerebro conocidas como la «red neuronal moral», como son el giro cingulado posterior, el córtex prefrontal medial y el giro angular, que están relacionados con el razonamiento moral, la toma de perspectiva y la experiencia de las emociones (Glenn y Raine, 2014). Se cree que estas diferencias en el cerebro guardan relación con el anhelo de nuevas sensaciones que muestran los psicópatas, así como con el comportamiento orientado a las recompensas, a la manipulación y al engaño. También parecen estar relacionadas con su menor empatía, con su dificultad en la toma de decisiones de carácter moral, su menor inhibición y su escaso temor al castigo.

El trastorno de personalidad narcisista y el trastorno de personalidad antisocial (con diagnósticos diferenciados en la psicopatía, pero con muchos rasgos comunes) son ciertamente difíciles de tratar. Existe un gran consenso entre terapeutas y expertos en que los narcisistas de los niveles más elevados del espectro es poco probable que cambien, y no están dispuestos a buscar tratamiento, a menos que les encaje en sus objetivos y manipulaciones. Puede *parecer* que cambian durante cierto tiempo, pero lo hacen por interés y para manipular a la gente que tienen a su alrededor. Sin embargo, es poco probable un cambio permanente, dado que sus conductas arraigan en patrones integrados que se forjaron en la infancia.

Aunque no se dispone de una opinión clínica sobre las causas del narcisismo patológico, las víctimas de narcisistas y psicópatas suponen que el individuo maligno actúa así movido por algún trauma, el cual se siente forzado a «resolver». Sin embargo, cuanto más audaz y despiadado es el depredador, menos probable es que éste sea el caso. Si bien los abusos en la infancia se han vinculado con el subtipo secundario altamente ansioso de la psicopatía, los psicópatas primarios de baja ansiedad es poco probable que hayan sufrido abusos, y no experimentan con tanta frecuencia problemas de salud mental como pueden ser los síntomas postraumáticos (Kimonis *et al.*, 2012; Tatar *et al.*, 2012). De hecho, en una investigación se demostró que algunos individuos desarrollan rasgos narcisistas por el hecho de haber sido sobrevalorados y consentidos, y por habérseles enseñado la actitud de creerse con derecho a todo (Brummelman *et al.*, 2015). Y, aunque sobrevalorar y consentir a un niño es una forma de maltrato, no es típicamente la infancia traumática que suponemos que los narcisistas han tenido. Los narcisistas del extremo más bajo del espectro pueden estar más basados en la vergüenza y ser más vulnerables, pero son los narcisitas megalómanos del extremo superior del espectro los que tienden a aterrorizar a sus víctimas. Lo que ocurre, simplemente, es que no siempre conocemos la raíz de su trastorno, y, con todo, por traumática que pueda haber sido su infancia, el hecho de que abusen no deja de ser una elección propia. Si un narcisista se halla en el nivel elevado del espectro, por lo general infligirá sus abusos con perverso placer. Pero existen muchas víctimas de abusos, incluidas las PAS, que, por traumática que haya sido su experiencia, optan por *no* abusar a su vez.

Estos trastornos se suelen asociar con comportamientos abusivos y manipuladores. La psicóloga clínica Ramani Durvasula, experta en abusos en las relaciones, señala lo siguiente: «He estado investigando y trabajando en el área de la violencia doméstica o lo que se denomina también violencia íntima de pareja, y la mayoría de las personas que perpetran violencia doméstica son o bien narcisistas o bien psicópatas. Así pues, existe un gran peligro; dicho de otro modo, se desharán de ti si te interpones en su camino» (2018).

Ése fue el trágico final de Laci Peterson, pero no es el único caso. Chris Watts asesinó a su esposa, Shanann Watts, que estaba embarazada, a su hijo nonato y a otras dos hijas pequeñas. Se deshizo de los cuerpos de sus hijas en unos tanques de almacenamiento de crudo y mintió a los periodistas acerca del paradero de las niñas. Llegó al punto de acusar a su esposa de haber sido ella la que asesinó a las niñas, lo cual le llevó a él a matarla loco de furia. Aunque aquí estamos hablando de un individuo del extremo superior del espectro, este tipo de «montajes» con los que se pretende culpar a las verdaderas víctimas nos resulta muy familiar a aquellas personas que hemos tratado con narcisistas, que siempre intentan quedar como inocentes de sus acciones echando la culpa a sus víctimas.

En otro horrible caso, el sargento del ejército británico Emile Cilliers intentó asesinar a su esposa en dos ocasiones diferentes: primero, con una fuga de gas en su casa, que podría haber acabado también con la vida de sus hijos; y, luego, manipulando el paracaídas de ella mientras se hallaba realizando un salto de caída libre. Por suerte, ella sobrevivió a los 1 200 metros de caída. Se descubrió que Emile, de forma muy parecida a Scott Peterson y Chris Watts, tenía también una doble vida. La policía encontró miles de mensajes de texto con varias amantes. Tenía un buen número de *affairs* y practicaba sexo sin protección con prostitutas. También estaba planeando fugarse con una novia.

La imprevisibilidad puede ser peligrosa

Los escalofriantes puntos en común en los patrones de comportamiento de sociópatas y psicópatas nos muestran cuán peligrosos y violentos pueden llegar a ser en casos extremos. Los individuos tóxicos más peligrosos no siempre están en prisión; pueden pasar por personas muy «agradables», como pilares de su sociedad, mientras infligen mucho dolor a otras personas de puertas adentro. Pueden poner en marcha su encanto y sumergirte en un vertiginoso romance con su magnético carisma, capaz de desarmarte por completo.

Como terapeuta, Andrea Schneider, que está especializada en el trabajo con víctimas de abusos narcisistas, me explica: «Toda vez que aparezca una persona narcisista abusiva, sea estándar o maligna, conviene recordar que no existe bola de cristal que pueda predecir su comportamiento. Muchas víctimas se ven inmersas en una disonancia cognitiva o MOC (miedo, obligación y culpa) como consecuencia del abuso, y pueden no ser capaces de evaluar con precisión la amenaza que supone un individuo abusador. Ése es el motivo por el cual, si sientes que tu vida está en peligro de algún modo o que están abusando de ti constantemente, convendrá que busques ayuda. Es más importante tomar nota de los comportamientos que observas que centrarte en un diagnóstico, una etiqueta, porque los individuos perturbados pueden ser muy imprevisibles».

Por qué puedes ser presa de individuos tóxicos

Quizás te estés preguntando por qué, para empezar, ibas tú a entrar en contacto con un tipo maligno. Después de todo, como eres una PAS, no tienes nada en común con un individuo psicopático. Eres una persona altamente empática, mientras que él es manipulador y destructor. Sin embargo, tus mayores activos son precisamente los que, con frecuencia, te convierten en un blanco atractivo para un depredador así.

La empatía, los escrúpulos, los sentimientos, la resiliencia y una naturaleza generosa son cualidades que las personas tóxicas malignas utilizan contra sus blancos con el fin de explotarlos. En una relación saludable, donde los dos miembros de la pareja son empáticos y están emocionalmente equilibrados, rasgos como éstos favorecen la relación. Sin embargo, una persona narcisista explota estos rasgos y los utiliza contra ti. Dado que los individuos altamente sensibles suelen tomar sus decisiones tomando como base su propio sentido de lo que es correcto y erróneo, es probable que proyecten *su* propio sentido de moralidad y de conciencia sobre el narcisista, y den por supuesto que éste, también, posee el mismo grado de empatía por los demás.

Esta suposición suele ser peligrosamente errónea y puede llevar a las PAS a transgredir su propio núcleo de valores y límites sólo con el fin de sustentar las necesidades del narcisista con la esperanza de que éste actúe con reciprocidad o abandone su conducta tóxica. Lo que convendrá recordar al tratar con individuos narcisistas es que éstos no sienten empatía alguna por tu dolor o tu angustia, y que siempre se van a poner a ellos mismos en primer lugar. No les importa violentar los derechos de los demás con el fin de satisfacer sus propios intereses.

Entre una PAS y una persona narcisista se da una dinámica parasitaria. La PAS hace el papel de «huésped» para el narcisista, en la medida en qué éste acaba con sus recursos. Durante la fase de «bombardeo amoroso» de la relación, cuando se nos cubre de atenciones y afecto (para más información sobre este tema, consulta el capítulo 3), el narcisista se infiltra en la vida de la PAS con una combinación de encanto y manipulación, siguiendo su agenda oculta de «alimentarse» de la PAS. Ésta se compromete con el narcisista, creyendo que ha encontrado a su alma gemela (al socio perfecto en los negocios o al amigo ideal). Cuando cambia la marea y se le cae la máscara al narcisista, la PAS racionaliza el comportamiento abusivo del narcisista y asume que un trauma, las inseguridades o el miedo a la intimidad son los que le impiden establecer una conexión saludable. Pero lo cierto es que lo que estamos presenciando es el verdadero carácter del narcisista. El narcisista establece relaciones con un único propósito: el *suministro narcisista*, es decir, cualquier forma de alabanza, atención, admiración, exaltación del ego, dinero, sexo o recursos que la relación le pueda proporcionar.

En última instancia, la elevada empatía que tenemos las PAS nos pone en peligro cuando nos encontramos con individuos tóxicos. Nos lleva a verlos desde nuestra propia perspectiva moral, bajo una buena luz, y desestimando, racionalizando o minimizando las señales de advertencia. Pero esto puede ser tan erróneo como autodestructivo. La doctora Traci Stein señala que, debido a que la mayoría de las personas perciben los actos de los narcisistas a través de un «código moral aceptado» socialmente que condena comportamientos tales como mentir o hacer daño a los demás, nos esforzaremos por encontrar excusas o justificaciones para las conductas dañinas de alguien en vez de enfrentarnos a sus motivos maliciosos (2016). ¿Cuántos de nosotros hemos racionalizado el comportamiento inaceptable de una persona tóxica, pensando que debe de haber «sufrido» por una baja autoestima, que debe haber tenido un «mal día» o una infancia «difícil»? Apuesto a que, si estás leyendo este libro, esto te resulta familiar.

Los tres pasos que sigue un manipulador para que te apiades de él

Si eres una persona altamente empática, intentarás ver lo mejor de los demás y «ayudar» a aquellos que crees que te están haciendo daño, sobre todo si utilizan la táctica de *dar pena* (cualquier acción que invite a que sientas simpatía por el propósito de la manipulación) para conseguir que los veas como víctimas en vez de como lo que son: victimarios. Las personas tóxicas y los narcisistas pueden extenderse hablando de su mala infancia, de sus problemas de adicción y de sus sufrimientos para conseguir que te apiades de ellos. Según Martha Stout, estas perversas llamadas a la simpatía tras una agresión son las marcas distintivas de las «personas sin escrúpulos» (2005, 107). El dolor declarado de un manipulador hace que en todo momento estés dispuesto a buscar excusas para sus supuestos errores, con lo cual se reinicia el ciclo de los abusos. Es, por tanto, esencial que reconozcas cómo funciona la táctica de dar pena para que puedas detectarla en el momento en que se esté aplicando.

Paso 1: la persona tóxica se muestra arrepentida, derrama lágrimas de cocodrilo y esboza falsas disculpas. Pero nunca cambia su comportamiento a largo plazo.

Paso 2: la persona tóxica racionaliza o justifica su abuso. Quizás se explaye hablando de su sufrimiento o diga que hacerte daño fue una mala interpretación, que no fue intencionado o que perdió el control (por ejemplo, culpando al alcohol o a algo que hiciste). El ciclo de los abusos comienza de nuevo en el momento en que la perdonas y te reconcilias con ella.

Paso 3: si la táctica de dar pena fracasa y no consigue generar la reacción deseada, el manipulador tacha a la víctima de amargada, enjuiciadora, egoísta o desquiciada. Arremete con ira utilizando la táctica de luz de gas y continúa con su manipulación hasta que la víctima se desmorona y se somete.

Bien podéis estar recorriendo estos tres pasos una y otra vez, porque a una persona con escrúpulos como tú le preocupa el bienestar de los demás y asume sus obligaciones con ellos. Los narcisistas saben que tienes este sentido inherente de la responsabilidad y tienen confianza en que asumirás tales responsabilidades aunque te perjudiquen.

Mientras que los narcisistas sienten pocos remordimientos por el daño que provocan, sus víctimas sienten reparos morales ante la idea de dejarlos al descubierto, de tomar represalias, de traicionar la relación de alguna manera o de abandonar lo que consideran su obligación. Una vez más, el rasgo positivo de la integridad, característico de las PAS y que les resulta beneficioso en sus relaciones con personas empáticas, se convierte en un problema en las relaciones tóxicas.

Los tipos tóxicos malignos saben que una persona con escrúpulos les va a otorgar el beneficio de la duda, y que irá con pies de plomo a la hora de evitar un conflicto (que puede ser un martirio para el sistema nervioso de una PAS). Saben que las PAS son presas fáciles para sus estratagemas lastimosas y que se preocupan mucho por los demás, a pesar del daño que les puedan hacer. El psicólogo clínico George Simon, experto en trastornos de la personalidad, lo expresa de este modo: «Los caracteres perturbados suelen fijar sus blancos en personas que poseen dos cualidades que ellos no poseen: la de tener escrúpulos y la de ser excesivamente complacientes (por ejemplo, tener deferencias). Así, el hecho de disponer de una sólida conciencia es lo que te hace más vulnerable a la manipulación narcisista. Los manipuladores utilizan la culpabilidad y la lástima como principales armas. Tú has de ser capaz de sentir culpa y lástima para que sus tácticas funcionen. Los caracteres perturbados carecen de esa capacidad, mientras que las personas con escrúpulos la tienen a raudales» (2018).

Debido a que el conflicto con una persona narcisista puede provocar depresiones y ansiedad en una PAS, ésta va a ser muy vulnerable ante los efectos psicológicos y físicos de la manipulación narcisista, sobre todo si no eres consciente de la manipulación y racionalizas los comportamientos tóxicos del narcisista. Pero aunque te hayas hecho consciente de la manipulación, si estás gravemente traumatizado te puede resultar difícil dejar a un abusador.

REFLEXIÓN PARA EL DIARIO: **Cómo defenderse de las tácticas que pretenden que sintamos lástima**
Recuerda algún momento en que racionalizaste los malos tratos de un manipulador. ¿Sentiste lástima por él y lo dejaste en paz en vez de exigirle responsabilidades y plantearle consecuencias tangibles? ¿Qué harás en la próxima ocasión que se te presente?

Por qué seguimos con ellos: una adicción bioquímica

«¿Por qué me resulta tan difícil dejarle y cortar todo contacto con él?». Ésta es una de las preguntas que más me hacen las personas altamente sensibles y empáticas que se enfrentan a relaciones tóxicas. Responder a esta pregunta es vital, porque no son los méritos de la persona o de la relación los que nos mantienen en esa situación. No, se trata de algo mucho más peligroso y adictivo.

El trauma provocado por unas relaciones tóxicas secuestra nuestro «cerebro emocional», afectando a áreas como la amígdala y el hipocampo, al tiempo que desconecta la parte pensante del cerebro, la corteza prefrontal. Estas zonas del cerebro afectan a nuestras emociones, al autocontrol y a la impulsividad, a la capacidad de reacción ante las amenazas, a la memoria, al aprendizaje, a la planificación y a la toma de decisiones (van der Kolk, 2014). El trauma interfiere también la comunicación entre los dos hemisferios del cerebro, desactivando el hemisferio izquierdo, lo cual nos lleva a perder el *funcionamiento ejecutivo:* la capacidad para organizar nuestras experiencias dentro de una narrativa coherente, para resolver problemas y tomar decisiones beneficiosas.

Acuérdate de esto antes de culparte por actuar de un modo aparentemente absurdo; tu cerebro está trabajando en tu contra en un momento de caos extremo. En la raíz de unas relaciones abusivas se halla lo que los expertos en traumas denominan *vinculación traumática,* creando lazos durante intensas experiencias emocionales en las cuales nos vinculamos con nuestros «carceleros» a fin de sobrevivir.

El doctor Patrick Carnes lo califica como *vínculo de traición.* «Las relaciones de explotación generan vínculos de traición, que tienen lugar cuando la víctima se vincula con alguien que es destructivo para ella. Así, el rehén se convierte en el defensor del secuestrador, la víctima de incesto encubre al progenitor y el empleado explotado oculta las fechorías de su jefe [...] [Se trata de] un apego altamente adictivo que adormece la mente ante las personas que te han hecho daño» (2015, 6). Carnes explica cómo las víctimas con tal vínculo intentan «convertir» a sus abusadores y ayudarlos a «comprender» que lo que están haciendo es un error. Así, las víctimas terminan culpándose por no ser capaces de hacerlas cambiar, y tales vínculos traumáticos las llevan a perder la confianza en su propio sentido de la realidad, situándolas en una posición aún más vulnerable. Las víctimas de abusos intentan evitar más abusos haciendo que la relación funcione; pero, inevitablemente, esto no trae otra cosa que más dolor.

El hecho de comprender por qué seguimos con un abusador nos puede ayudar a liberarnos de la culpabilidad y a salir de relaciones que nos pueden hacer daño. De forma muy parecida a como funciona el síndrome de Estocolmo, la vinculación traumática hace que el superviviente siga cautivo por el abusador, y que lo defienda aun después de haber soportado horrendos actos de violencia emocional y física. Se trata de un vínculo difícil de romper, y los tipos depredadores hacen todo lo que está a su alcance para mantener este vínculo con el fin de seguir aterrorizando a sus víctimas. No se puede evitar que, en cualquier relación tóxica, nuestro propio cerebro se nos vuelva en contra. El vínculo traumático se exacerba mediante la vinculación bioquímica con nuestros abusadores; hormonas y sustancias químicas como la oxitocina, la dopamina, la serotonina, el cortisol y la adrenalina juegan un papel clave a la hora de hacernos adictos a estas personas tóxicas.

Un subidón de dopamina como ningún otro

El amor estimula los centros del placer y la recompensa del cerebro, ¡de modo que imagina su efecto en el cerebro de una PAS! Por ejemplo, ratas a las que se les han estimulado eléctricamente los centros del placer harán casi *cualquier* cosa por volver a experimentar ese voltaje cerebral, aun a riesgo de quedar cortocircuitadas al presionar *miles* de veces la palanca con la que se estimulan. Algo muy parecido sucede en la relación con un narcisista, en la que intentaremos revivir el placer de la «fase de luna de miel», a pesar del agudísimo dolor que nos provocan después (Olds y Milner, 1954).

Damos por hecho que nadie puede saberlo mejor que nosotros, ¿no es así? Pero el problema no radica sólo en saber, sino también en *sentir*. El amor tóxico, por sorprendente que parezca, genera un subidón de dopamina inigualable, y las PAS pueden experimentar tales emociones de forma desproporcionada. La dopamina es un neurotransmisor que guarda una estrecha relación con el centro del placer del cerebro, y juega un poderoso papel en el deseo y la adicción. Los individuos narcisistas nos proporcionan un bombardeo amoroso al comienzo de nuestra relación, con un raudal de elogios y atenciones. Al vernos sumergidos en dopamina merced a esta inundación de amor, experimentamos intensos sentimientos de euforia, que son muy parecidos a los que provocaría una adicción a las drogas. De hecho, los investigadores Andreas Bartels y Semir Zeki (2000) descubrieron que el cerebro de una persona enamorada se parece al de un adicto a la cocaína. Helen Fisher (2016) confirma también que el amor activa varias de las mismas regiones del cerebro vinculadas con la adicción y el anhelo, aunque se le rechace a uno. Éste es el motivo por el cual te puede llegar a afectar tanto la retirada de tu pareja narcisista cuando ésta se aleja de ti para iniciar lo que conocemos como *comportamiento de calor y frío:* atraerte sólo para alejarte a continuación.

De hecho, podemos reconfigurar el cerebro para fijarnos sólo en aquellas personas que son nefastas para nosotros. Según la doctora Susan Carnell, las tácticas abusivas, como la del comportamiento de calor y frío, funcionan bien con nuestro sistema de secreción de dopamina porque, según indican los estudios, la dopamina fluye con más facilidad cuando las recompensas se conceden de forma aleatoria, impredecible (2012). Cuando se dan períodos intermitentes de placer mezclado con dolor, el cerebro se pone en alerta y «presta atención» como forma de supervivencia, esforzándose más para conseguir la recompensa, que no está garantizada en modo alguno. Por otra parte, cuando hay un exceso de indulgencia en la experiencia de placer, el cerebro tiende a segregar menos dopamina, porque se percata de que no tiene que esforzarse para obtener placer de nuevo.

Experiencias gratificantes → **Liberación de dopamina**
→ **Nos lleva a desearlas de nuevo**

Excederse en la experiencia gratificante
→ **Se libera menos dopamina**

Recompensas intermitentes
→ La dopamina fluye con más facilidad

La teoría de la prominencia de la dopamina sugiere que las experiencias negativas también liberan dopamina, lo cual nos lleva a sintonizar en gran medida con todo aquello que es importante para la supervivencia (Wang y Tsein, 2011; Fowler *et al.*, 2007). No debería sorprendernos, por tanto, el descubrimiento de Fisher (2016), según el cual esta experiencia de «frustración-atracción» con la que nos encontramos en una relación adversa no hace otra cosa que *potenciar* los sentimientos del amor romántico en lugar de mitigarlos.

La misma naturaleza del comportamiento de calor y frío en una relación tóxica con un narcisista no hace otra cosa, en realidad, que fomentar nuestra insalubre adicción a los narcisistas. El placer y el dolor, combinados, constituyen una experiencia más «gratificante» para el cerebro que el placer sólo, y de ahí que el cerebro preste más atención a este tipo de relaciones. La relación con un narcisista, que se forja en el conflicto constante, en la luz de gas y la confusión, en una persistente sensación de incertidumbre, en discusiones tumultuosas o incluso abusos, nos hace esforzarnos más por las posibles recompensas de la relación. Genera circuitos de recompensa en el cerebro que pueden ser incluso más fuertes que los circuitos forjados en una relación saludable.

> REFLEXIÓN PARA EL DIARIO: **La avalancha de dopamina**
> Piensa en las relaciones de pareja o de amistad más estables que has tenido. ¿Cómo te sentías? ¿Te parecían seguras, aburridas, gozosas? En cambio, reflexiona ahora sobre las relaciones tóxicas que hayas tenido, incluso con comportamientos de calor y frío. ¿Tenían algo de adictivo o excitante, aunque no fueran relaciones sanas?

El papel de la oxitocina en la confianza ciega

A la oxitocina se la conoce como la «hormona de los abrazos» o la «hormona del amor». Se libera a través del tacto, de las relaciones sexuales y el orgasmo, fomentando el apego y la confianza (Watson, 2013). Esta misma hormona crea el vínculo entre la madre y el hijo al nacer. Durante las fases de bombardeo amoroso de la relación con un narcisista, los efectos de esta hormona pueden ser bastante intensos, sobre todo a medida que intimamos físicamente con la pareja.

El cerebro tiene tendencia a confiar ciegamente en aquellas personas que amamos, incluso en aquellas que nos han traicionado. Las investigaciones demuestran que la liberación de oxitocina puede llevar a un incremento en la confianza y a una inversión continua en la otra persona, aunque se hayan dado fracturas en la confianza (Baumgartner *et al.,* 2008). Así pues, cuando nos encontramos con las infidelidades y con las mentiras patológicas de una pareja narcisista, el vínculo físico que tenemos con ella puede terminar imponiéndose, hasta el punto de continuar confiando en ella, a pesar de las evidencias en su contra. La oxitocina nos lleva a confiar en la persona tóxica, aunque no sea merecedora de tal confianza.

Ése es el motivo por el cual reducir el ritmo de relaciones íntimas en las primeras fases de una relación puede ser útil para evaluar y discernir mejor si la persona en la que estamos confiando merece tal confianza. Sin la niebla de la intimidad sexual nublando nuestra percepción, podremos gestionar mejor nuestras emociones y atemperarlas de forma racional.

REFLEXIÓN PARA EL DIARIO: **La niebla de la oxitocina**

En las relaciones tóxicas que has mantenido, ¿hubo un «avance rápido» en la intimidad física? ¿Pudo cegarte aquello de algún modo, impidiéndote ver las verdaderas características de la persona?

La pasión de la serotonina, el cortisol y la adrenalina

La psiquiatra Donella Marazziti descubrió que las personas enamoradas tienen más o menos los mismos niveles de serotonina que aquellas que padecen un trastorno obsesivo-compulsivo (TOC) (Marazitti *et al.,* 1999). La serotonina es bien conocida por su papel en la regulación del estado de humor (en especial en la ansiedad y la depresión). Las personas que padecen TOC, junto con las PAS, suelen tener niveles inusualmente bajos de este neurotransmisor. Este bajo nivel de serotonina puede provocar pensamientos obsesivos. Sabiendo esto, encontraremos más sentido al hecho de que no podamos dejar de pensar en el individuo narcisista.

Los niveles de serotonina disminuyen cuando nos enamoramos, al tiempo que los niveles de la hormona del estrés, el cortisol, se elevan para ayudarnos con la respuesta de lucha o huida, que nos prepara para la «batalla» contra una posible emergencia, intensificando nuestro sentido de alerta (van der Kolk, 2014). Los altos niveles de cortisol fortalecen también el impacto de nuestros recuerdos más temibles y pueden hacer que el trauma quede «atrapado» en nuestro cuerpo, lo cual puede llevar a que nos sintamos físicamente abrumados y nos genere numerosos problemas de salud (Drexler *et al.*, 2015).

La combinación de niveles bajos de serotonina con niveles altos de cortisol genera una intensa obsesión y enamoramiento por nuestra pareja o interés amoroso, hasta el punto de que la relación con esa persona se convierte en un asunto de vida o muerte. Esto explica la tendencia obsesiva a pensar una y otra vez en aquellas personas a las que amamos, aunque resulten dañinas para nuestro bienestar.

Caída de los niveles de serotonina + Aumento de los niveles de cortisol → Intensa obsesión por la pareja

Por otra parte, la adrenalina y la norepinefrina preparan también al organismo para la respuesta de lucha o huida, jugando, asimismo, un papel obvio en la adicción bioquímica (Klein, 2013). Cuando contemplamos a la persona amada, liberamos adrenalina, con lo que el corazón se nos acelera y las palmas de las manos se humedecen. Pero esta misma hormona está vinculada al miedo, algo que experimentamos en gran medida cuando nos relacionamos con un narcisista.

Adrenalina + Miedo + Excitación → Atracción

Pregúntale a cualquier *coach* de citas y te dirá que, si la cita va acompañada de miedo y excitación, lo más probable es que sea una cita memorable, en la que nuestro cerebro generará un intenso vínculo con esa persona. Las investigaciones confirman que la excitación por miedo y la atracción guardan una estrecha relación, de tal manera que, cuando compartimos una experiencia intensa y temible con otra persona (como la de subirse juntos a una montaña rusa), podemos sentirnos más atraídos por ella como resultado (Dutton y Aron, 1974). No es extraño, por tanto, que las experiencias de temor que tenemos con un individuo narcisista lleven a nuestro cerebro a creer que nuestro vínculo con él es inseparable.

REFLEXIÓN PARA EL DIARIO: **La adicción a la adrenalina**
¿Qué tipo de experiencias temibles o peligrosas has tenido en las relaciones tóxicas de tu vida? ¿Hubo algún período de paz y confort tras estos acontecimientos?

Quizás te estés preguntando: «De acuerdo, ahora ya sé cómo se establecen estos vínculos, pero ¿qué hago con ellos?». No te preocupes. En el capítulo 5 indicaré cómo puedes enfrentarte a estos vínculos bioquímicos y cómo sustituirlos por salidas más saludables, lo cual te permitirá, en última instancia, liberarte de la adicción a un narcisista.

EJERCICIO: **Lista de comprobación de vínculos traumáticos**
Aquí tienes otra lista de comprobación que te puede ayudar a determinar si tienes algún vínculo traumático con una persona tóxica manipuladora. Lee detenidamente las siguientes afirmaciones y comprueba en qué medida se aplican a tu persona.

☐ Te sientes física y emocionalmente exhausto tras una simple interacción con esta persona. Sientes que te drena la energía, y puede que incluso te sientas inmovilizado o paralizado.
☐ Padeces síntomas físicos de ansiedad cuando te hallas con esta persona; por ejemplo, el corazón se te acelera, te sudan las manos, aparecen migrañas repentinas, te salen erupciones en la piel o padeces problemas gastrointestinales u otros problemas de salud que parecen surgir de la nada.
☐ Tu productividad disminuye. Cuando esta persona está a tu alrededor, o tras interactuar con ella, te das cuenta de que tie-

nes más dificultades en el aprendizaje, la memoria, la planificación, la concentración, el enjuiciamiento y sobretodo la toma de decisiones.

☐ Tienes la sensación de que se aprovecha de ti repetidamente, es decir, en vez de hallarte en una relación recíproca, tú sueles ser quien «da». La otra persona te «utiliza» por tus recursos, tu tiempo y tus esfuerzos, por lo general sin devolver el favor.

☐ Sientes que tu autoestima se reduce tras relacionarte con esta persona. Sus comentarios y sus comportamientos tóxicos hacen que te sientas inútil, con carencias, o que te avergüences de ti mismo de algún modo.

☐ Eres consciente de que esa persona es tóxica y manipuladora, pero eres incapaz de «dejar» la relación. Debido a tu vínculo traumático con ella, no haces más que racionalizar, minimizar o negar sus comportamientos abusivos. De hecho, sientes una intensa adicción a estos comportamientos, por terrible que sea el trato que te da.

☐ Aun cuando ya no estés en su presencia, sigues obsesionado con sus palabras y sus actos, y eres incapaz de encontrar un sentido a quién es realmente. Te obsesionas mucho con la relación. Cualquier situación con esta persona que debería tener una sencilla solución te deja con cierta sensación de desorientación y confusión.

☐ Cada vez que te comunicas con esta persona, sientes que tus emociones se convierten en un «yo-yo»: en este momento te sientes confiado y seguro de ti mismo, y al instante siguiente estás desanimado y traumatizado. Esto se debe a la conducta tipo «Dr. Jekyll y Mr. Hyde» del manipulador: se muestra dulce cuando quiere algo y mezquino cuando desea establecer el control.

☐ Tu energía y tu estado de ánimo mejoran cuando estás lejos de esta persona tóxica durante unos días o semanas, por mucho que te cueste «desintoxicarte» de ella.

☐ No dejas de cuestionártelo todo, incluida tu percepción de la realidad. El manipulador tóxico suele negar cuanto dice o hace, y empiezas a preguntarte si te estarás «imaginando» las cosas. Te hace luz de gas para que creas que tus emociones y experiencias no son válidas.

☐ Experimentas un alto grado de pensamientos, creencias y emociones conflictivas cada vez que interactúas con esta persona (en psicología, denominamos a este estado mental *disonancia cognitiva,* y puede llegar a ser extremadamente desorientador y angustioso). Esta persona puede pasar de la amabilidad al rencor en un instante, lo cual te lleva a sentirte cada vez más ansioso y confundido con respecto a su verdadero carácter e intenciones.

☐ Tu autoestima se desinfla, y cada vez tienes menos control de tu vida. Te sientes impotente e indefenso cada vez que estableces comunicación con esta persona.

Si eres consciente de que eres una PAS y tienes la costumbre de dejarte enredar por personas tóxicas, conviene que sepas que no estás sola. Aunque algunos de los rasgos que te convierten en una PAS pueden hacerte vulnerable a los depredadores emocionales, tienes también rasgos que puedes utilizar de forma ventajosa para detectar a las personas tóxicas, establecer límites sólidos y enfrentarte directamente a sus estrategias manipuladoras.

Como recordatorio de las señales de advertencia en las relaciones resumidas en este capítulo, consulta el diagrama «Healthy Versus Toxic Relationships» («Relaciones sanas frente a relaciones tóxicas») que se ofrece en www.newharbinger.com/45304, donde encontrarás materiales adicionales con los cuales podrás complementar lo que aparece en este libro. Puedes imprimir este diagrama y fijarlo en algún lugar donde lo veas a diario para que mantengas la concentración en aquello que conviene no dejar pasar (y de qué cosas mantenerte a distancia) en futuras relaciones.

CAPÍTULO 2

BENIGNOS Y MALIGNOS

Los cinco tipos de individuos tóxicos

Una de mis antiguas amigas estaba obsesionada con tener novio. Saltaba de relación en relación, malgastando la mayor parte de su tiempo, su energía y sus ahorros con cada pretendiente nuevo. Yo le ofrecía con frecuencia apoyo, y validaba sus percepciones en sus problemas de relación. Pero, en cierta ocasión, fui yo quien sufrió una dura pérdida y ella no apareció en los días posteriores, acusándome de ser «egoísta» por esperar su apoyo y por hacerle saber que su comportamiento me había hecho daño.

Quizás aquella antigua amiga no fuera una narcisista maligna, pero no dejaba de ser una persona tóxica, que es por lo que terminé cortando lazos con ella, a pesar de su insistencia en restablecer nuestra amistad. Su egocentrismo y su incapacidad para preocuparse de ninguna otra cosa que no fueran sus relaciones románticas, junto con su abandono durante uno de los períodos más duros de mi vida, me convencieron de que aquélla no era una amistad que valiera la pena conservar.

Éste es un ejemplo de personalidad tóxica «benigna», mientras que las personalidades narcisistas y sociopáticas/psicopáticas se encuentran dentro de la categoría tóxica «maligna». El espectro de toxicidad precisa que tengamos en cuenta el contexto de los comportamientos de la persona, la frecuencia con la que recurre a la manipulación para salirse con la suya, cuán receptiva es a la retroalimentación y si aborda tus preocupaciones de manera empática y efectiva. Tendrás que adaptar tus límites en función de tus propios niveles de seguridad personal y del posible daño que puedas recibir.

Existen cinco tipos de personas tóxicas, tres de los cuales se hallan bajo el paraguas benigno y dos bajo el maligno. He incluido historias que ilustran el modo en que operan, y ofrezco consejos sobre cómo enfrentarse a los problemas que sus conductas te pueden causar.

La toxicidad benigna

No todas las personas tóxicas son narcisistas malignas, ni todas sienten placer al hacer daño. Las hay que sufren un trastorno diferente o tendencias histriónicas, mientras que otras forcejean con los problemas de su familia de origen, el egocentrismo, el egoísmo o traumas del pasado. Con todo, pueden utilizar la luz de gas y la proyección, como mi amiga cuando le hice ver lo que había hecho. Sin embargo, no es su forma *principal* de conectar con los demás. Estos patrones de comportamiento no siempre justifican cortar cualquier contacto con esas personas ni asignarles una rígida etiqueta, pero poner límites con ellas es crucial de todos modos. La toxicidad no deja de ser toxicidad, y hay que enfrentarse a ella de una manera o de otra.

Personalidad tóxica tipo 1: el asaltalímites estándar

Este tipo de personas tóxicas es el más benigno del grupo, pero pueden hacer daño de todos modos y no son conscientes de lo tóxicas que son. Normalmente, cruzan tus límites al hablar de ti, invadiendo tu espacio personal, pidiéndote más de lo que puedes dar, ofreciéndote consejos que no has solicitado, haciéndote perder el tiempo con sus extravagancias o no cumpliendo sus compromisos. Pueden ser ruidosas y egoístas, estar absortas en sí mismas y en su mundo, y son incapaces de interpretar las señales sociales.

Nancy era la más ruidosa de las compañeras en el trabajo. Iba de un cubículo de trabajo a otro todas las mañanas para hablar con sus compañeras. Y, después, en muchas ocasiones, se comenzaba a dar consejos que nadie le había solicitado. «Acabamos de comprarnos un cachorro de labrador. ¡Oh, es tan bonito! Me muero de amor por él… Taylor, se te ve más bonita con unos pendientes azules. ¿Sabes lo que necesitas? ¿Qué tal si te organizo una cita a ciegas? Conozco a un chico muy guapo, Tom, con el que trabajaba en mi anterior empresa de contabilidad. ¡Tienes que salir de aquí!».

La controladora madre de Steve, Clara, le llamaba por teléfono todos los días, incluso en el trabajo, para «controlarlo». La mujer había hecho un hábito de esto tras un accidente de tráfico que padeció Steve. Estaba sinceramente preocupada por él, pero expresaba esa preocupación de formas insanas.

Cómo poner límites a alguien como Nancy o Clara: explícale con amabilidad que no estás disponible en ese momento, y utiliza tus reservas emocionales para cortar estas interacciones con rapidez, en lugar de dejarte liar y añadir leña al fuego. Un asaltalímites puede acabar con tu energía con facilidad, aunque no haya ninguna mala voluntad en ello. Antes de que Nancy se lance de lleno a una conversación sobre mascotas y citas a ciegas, podrías interrumpirla con algo así como: «Mira, Nancy, ahora estoy muy ocupada, y la verdad es que no necesito tener citas con nadie en estos momentos». Si insiste, puedes excusarte.

Acostúmbrate a reducir progresivamente el tiempo de las conversaciones con los asaltalímites. Si fueras Steve, podrías hacerle saber a Clara que no puedes responder a llamadas telefónicas entre semana, pero que comprobarás de vez en cuando los mensajes de texto, al tiempo que propones un día a la semana para mantener una llamada regular. A partir de ahí, rechaza sus llamadas telefónicas cuando estés en el trabajo. Informa con amabilidad a los asaltalímites de que no estás disponible y, poco a poco, desarrollarán el hábito de respetar tus límites, simplemente porque no tendrán otra elección. Por lo general se centrarán en otro blanco más receptivo.

Personalidad tóxica tipo 2: enloquecedores y buscadores de atención

Un escalón por encima de las personas tóxicas estándar se hallan las personas «enloquecedoras» y las «buscadoras de atención». Se trata de personas con motivaciones egoístas: conseguir que el foco se centre en ellas en todo momento, aunque la retroalimentación sea negativa. Montarán dramas, generarán conflictos o alardearán de lo que sea con el fin de obtener elogios por una abrumadora necesidad de atención. Y aunque pueden resultar increíblemente agotadoras y frustrantes exigiendo tu atención, resulta un poco más fácil trabajar con ellas que con los tipos más malignos de personas tóxicas.

A Heidi le encantaba ser el centro de atención. Todos los días se ponía vestidos provocativos para ir al trabajo, le encantaba flirtear con sus compañeros varones y discutir en voz alta los detalles de su vida personal en la oficina. La patológica necesidad de atención de Heidi era tan intensa que a sus compañeros les resultaba difícil concentrarse en el trabajo, pues Heidi no hacía más que darles vueltas e intentar monopolizar todas las conversaciones. Y, si no conseguía la atención que buscaba, se enfadaba y arremetía contra los demás por no hacerle caso.

A una de sus compañeras de trabajo, Laura, le afectaba en especial el comportamiento de Heidi, porque la eclipsaba una y otra vez en las reuniones. Heidi la interrumpía justo cuando ella estaba intentando exponer sus ideas, y también se metía todas las mañanas en el despacho de Laura para contarle sus últimas aventuras románticas, haciéndole perder el tiempo nada más comenzar la mañana.

Cómo poner límites a alguien como Heidi: simplemente, retírale tu atención. Los buscadores de atención anhelan tu energía y tus reacciones emocionales y, si no consiguen lo que necesitan de ti, buscarán un combustible más sostenible. En este ejemplo en concreto, Laura podría poner límites con Heidi llevándosela aparte y haciéndole saber que le estaría muy agradecida si dejara de interrumpirle en las reuniones. Podría decir: «Aunque valoro tus aportaciones, me gustaría tener mis propias ideas en la próxima reunión de personal y que no me interrumpas. Por otra parte, me gustaría limitar nuestras conversaciones por las mañanas, pues es un momento en el que estoy muy ocupada y no dispongo de tiempo ni de energía para hablar con nadie».

Si Heidi no acepta estos límites, Laura podría hablar con su supervisora al respecto, o bien interceptar las réplicas de Heidi diciendo:

«Perdona, pero déjame que termine de hablar», de forma cortés, pero firme, cada vez que interrumpa. La consecuencia tangible de llamar la atención en público a una buscadora de atención puede avergonzarla hasta el punto de que se sienta en evidencia cuando lo intente con cualquier otra persona. Dejar al descubierto las estratagemas de un buscador de atención puede hacer también que te conviertas en un objetivo poco apetecible para alguien que está buscando exhibir su ego. En el momento en que vuelvas a poner tu atención en ti mismo y en lo que pretendías hacer, al buscador de atención no le van a quedar demasiadas opciones para continuar volviéndote loco.

Personalidad tóxica tipo 3: los vampiros emocionales

El término «vampiro emocional» se suele utilizar de forma general en otros libros y artículos para englobar a distintos tipos tóxicos. En este libro, sin embargo, usaremos la palabra específicamente para identificar a personas tóxicas que son capaces de tener empatía, pero que restan en gran medida tu energía con sus exigencias.

La madre de Lorena era un vampiro emocional. Rara vez se comunicaba con su hija a menos que quisiera algo. La mujer estaba tan necesitada a nivel emocional que, cada vez que caía en una crisis, copaba el tiempo y las atenciones de su hija. Se presentaba en casa de Lorena sin avisar, exigiendo ver a sus nietos, y la bombardeaba con interminables historias en las que siempre hacía el papel de víctima. Lorena se esforzaba por poner límites con su madre, pero se sentía culpable por no ceder a sus exigencias, aun siendo ya una mujer adulta, sobre todo cuando su madre intentaba que se sintiera culpable. Para colmo, Lorena era consciente de que, cada vez que *ella* había necesitado ayuda, su madre nunca había estado disponible.

Cómo poner límites a alguien como la madre de Lorena: mantén una conversación firme y directa con ella para establecer tus límites. Una frase general que funciona muy bien y que puedes repetir con cualquier persona tóxica es: «Me gustaría ayudarte, pero no me encuentro emocionalmente en condiciones de hacerlo». Marca límites tangibles y consecuencias específicas ante cualquier transgresión de esos límites, y aplica tales consecuencias todas y cada una de las veces en que los límites sean sobrepasados. Lorena podría tener una conversación con su madre en la cual le dijera: «No puedo estar a tu disposición todas las veces que me necesitas. Y me temo que no voy a poder permitir tus visitas a menos que me digas de antemano que vas a venir». Y, tras esta conversación, Lorena dejaría claras sus intenciones apagando el teléfono, negándose a responder a las llamadas a menos que se trate de una emergencia y acortando las visitas de su madre si decide presentarse en casa sin avisar.

Lo más importante, cuando se trata con vampiros emocionales, es la *implementación de límites,* más que lo que se pueda decir. Tienes que «cortar sus suministros» si quieres reservar tu energía para cosas más importantes, a pesar de lo mucho que intente el vampiro hacerte sentir culpable. Es crucial «hacer pasar hambre» a un vampiro energético cortando las interacciones parasitarias y unilaterales. Si dejas de interpretar el papel de huésped, el vampiro buscará de manera inevitable a otra persona que esté dispuesta a interpretarlo.

Directrices CLEAR UP para la toxicidad benigna

Para establecer límites de forma más efectiva con personas tóxicas estándar, puedes utilizar el acrónimo en inglés CLEAR UP que yo misma he diseñado. Las PAS que tienen problemas para establecer límites suelen angustiarse mucho anticipando el conflicto, pensando que van a tener que decir que «no» y que van a tener que negociar con la persona tóxica. Estas directrices te pueden ayudar a gestionar el conflicto y a afirmarte de una manera saludable.

Context = Contexto
Lay down the law = Establece las reglas
Exercise boundaries = Pon límites
Appreciation = Agradecimiento
Repetition = Repetición
Unity = Buscar la unidad
Power posing = Firmeza

NOTA: estas directrices se deben utilizar exclusivamente con individuos no abusivos, pues, para que funcionen, la otra persona tiene que estar dispuesta a escuchar cuáles son tus límites. Ten en cuenta que un narcisista puede ponerse furioso si le pones límites, por muy constructivo que seas a la hora de expresarte. Tu seguridad es lo más importante, de modo que emplea estas directrices sólo con personas que hayan demostrado ser receptivas a tus palabras. Más adelante, en este capítulo, explicaré cómo se pueden adaptar estas directrices para comunicarse con narcisistas malignos, dado que estos tipos precisan estrategias diferentes a las que se usan con personas tóxicas estándar. Si te hallas en una situación de riesgo, evita por completo la confrontación cara a cara.

Context - **Contexto.** Esta directriz implica describir la situación con claridad con el fin de establecer un contexto. Esto debería ser lo que ponga en marcha la conversación, lo que dé pie a un diálogo más prolongado acerca del problema y de sus potenciales soluciones. Tomemos el caso de Natalie como ejemplo. Natalie quiere poner límites a su novio en lo relativo a sus llamadas telefónicas en mitad de la noche, de modo que puede hacer una primera descripción de la situación diciendo algo como: «Cuando me llamas en mitad de la noche, me desvelo y me cuesta volverme a dormir».

Lay down the law - **Establece las reglas.** Explica de qué modo te impacta la situación a fin de reforzar la idea de *por qué* ese comportamiento es problemático. En el caso anterior, Natalie podría añadir a su afirmación de entrada lo siguiente: «Si no duermo lo suficiente, me paso el día irritada y atontada. Me encanta intercambiar mensajes y que hablemos por teléfono cuando no estamos juntos, pero no por la noche, cuando estoy intentando dormir. Esto no hace más que tensar nuestra relación».

Exercise boundaries - **Pon límites.** Establece algún tipo de límite finito o, simplemente, di que no. Aquí, Natalie podría decir: «Una vez me haya ido a dormir, llámame o mándame mensajes de texto sólo si es por una emergencia. Si no, por favor, espera al día siguiente».

Appreciation - **Agradecimiento.** Proporciona refuerzo positivo cuando la persona respete tus límites. El refuerzo puede adoptar cualquier forma, desde un simple «gracias» hasta una nota de reconocimiento y estímulo. Natalie podría enviar a su novio un mensaje de texto dándole las buenas noches y diciendo: «Muchas gracias por comprenderme. Me voy a dormir ya, pero antes quería decirte lo agradecida que estoy por tener un novio que respeta mis necesidades».

Repetition - **Repetición.** Mantente firme en tu posición, céntrate en tu objetivo (que es que se respeten tus derechos) y no dejes que te desvíen de tu camino. Si es necesario, utiliza la técnica del «disco rayado», declarando de palabra una y otra vez tu postura, para luego abandonar esa conversación si la otra persona no está dispuesta a considerar tu perspectiva o te amenaza.

Unity - **Buscar la unidad.** Si las diferencias de perspectiva no se pueden superar, llegad al menos al acuerdo de que estáis en desacuerdo. Sugiere alternativas si la otra persona no está dispuesta a satisfacer tus demandas, o simplemente dile: «Veo que hemos llegado a un desacuerdo. ¿De qué otra manera podemos resolver este problema?». Y, a continuación, intenta establecer un diálogo constructivo (pero sólo si ves que la otra persona está dispuesta a dialogar también, de una forma no abusiva y sin amenazas; *véase* el capítulo 3 sobre trucos para tratar con una persona abusiva).

Power posing - **Firmeza.** Aunque sientas ansiedad ante la idea de poner un límite, hazlo de una forma confiada. Mantener el contacto visual y utilizar un tono de voz asertivo puede ser útil cuando estás intentando resolver un conflicto con un tipo tóxico benigno.

REFLEXIÓN PARA EL DIARIO: **La práctica de estas directrices**
He ofrecido ejemplos de cómo aplicar estas herramientas en diversas situaciones. Pero ¿qué puedes hacer en una situación concreta y específica que te implique? Sigue paso a paso las directrices y plasma por escrito tus ideas sobre los siguientes apuntes:

- **Contexto:** describe con claridad un problema que te gustaría resolver con una persona tóxica benigna en tu vida.
- **Establece las reglas:** ¿por qué eso es tan problemático? ¿Qué consecuencias tiene?
- **Pon límites:** piensa y toma nota de una o dos maneras en que puedes establecer límites en esa situación.

- **Agradecimiento:** ¿cómo puedes reforzar el comportamiento deseado de la otra persona cuando lo manifieste?
- **Repetición:** diseña una frase con la que te sientas a gusto y que puedas decir una y otra vez para asentar claramente tu postura si la persona tóxica intenta disuadirte o desviarte de tu objetivo.
- **Busca la unidad:** piensa en compromisos a los que podríais llegar si la otra persona no está dispuesta a satisfacer tus demandas, o qué puedes hacer para cuidar de tus propias necesidades si esa persona no lo va a hacer o no puede hacerlo (por ejemplo, en el caso de Natalie, ella puede apagar el teléfono de forma si su novio se niega a acceder a sus demandas).
- **Firmeza:** si te genera ansiedad poner en práctica estas directrices en tu caso concreto, ¿qué puedes hacer antes de una reunión o una conversación para sentir más confianza y determinación (quizás ir a correr un rato, repetir afirmaciones positivas, hacer un juego de roles de la posible conversación con otra persona que esté dispuesta a ayudarte)?

La toxicidad maligna

Ahora que hemos identificado a los tipos más benignos de personas tóxicas, qué tal si nos dedicamos a los tipos malignos: ¿cómo podemos detectarlos y cómo tratar con ellos? Aunque puede ser muy difícil comunicarse con este tipo de personas, *es* posible ponerles límites, siempre y cuando des prioridad a tus propios cuidados personales. Para protegernos en su presencia, lo primero que tenemos que comprender es la forma en que piensan y manipulan. Esto nos dará una idea de cuáles son sus planes, cómo se aproximan al resto del mundo con el fin de explotarlo y cuáles son las herramientas esenciales que vamos a necesitar para salir con seguridad de interacciones, amistades y relaciones con este tipo de personas.

Personalidad tóxica tipo 4: los narcisistas

Los narcisistas pueden ser peligrosamente tóxicos debido a su falta de empatía a la hora de cuidar de las necesidades de nadie, salvo de sí mismos. Como ya vimos en el capítulo 1, los narcisistas se absorben en sí mismos, son egocéntricos y se creen con derecho a todo. Y, dependiendo de la gravedad de su narcisismo, también pueden comportarse de forma abusiva si tienen la impresión de que han recibido un desaire. He aquí un resumen de las características y los comportamientos típicos en una persona narcisista:

Nunca admite que se ha equivocado.
Evita las emociones y no asume responsabilidades.
Se enfurece ante cualquier persona que lo cuestione.
Reacciona de manera infantil cuando no se sale con la suya.
Siembra dudas en sus víctimas.
Utiliza la técnica del cerrojo durante los conflictos.
Te difama y te calumnia.
Lo niega todo y emplea la técnica de luz de gas contigo.
Te somete a un tratamiento de silencio.
Calcula sus ataques y te hace pedazos.

El novio de Joanne era un narcisista. No hacía más que menospreciarla, le hacía el cerrojo cuando discutían y se enfurecía con ella siempre que creía que ella le había insultado de alguna manera. Intentaba controlarla y aislarla de sus amigas y de su familia. Después, la sometía a luz de gas para que creyera que los abusos a los que la sometía eran por su culpa. No *siempre* había sido así, claro está. Al principio de la relación se había mostrado encantador y generoso. Pero en cuanto la relación se afianzó y se planteó como una relación a largo plazo, él «cambió» y manifestó su verdadero carácter. Era frío e insensible, muy rara vez cuidaba de ella cuando estaba enferma y elegía los momentos en que Joanne se encontraba más vulnerable para lanzar sobre ella sus ataques verbales y emocionales.

Cómo poner límites con un narcisista

Un narcisista abusivo no es una persona a la que puedas poner límites como se puede hacer con otras personas tóxicas. El narcisista pisoteará tus límites y los sobrepasará sin miramientos, y lo mismo hará con tus derechos. Cuando tú establezcas tus límites, el narcisista tomará esa información como pista para discernir qué es lo que más daño puede hacerte, y la empleará como munición contra ti para provocarte. Dicho de otro modo, si le dices a un narcisista lo que te hace daño, él simplemente utilizará la información para hacerte daño a ti. Ése es el motivo por el cual una comunicación directa o diplomática con un narcisista no suele servir de mucho.

Convendrá que aceptes que tienes todo el derecho del mundo a alejarte de una persona abusiva, sea por abusos verbales, emocionales, psicológicos, físicos o sexuales. Así pues, será crucial que diseñes un plan de seguridad para alejarte de un abusador, sobre todo si existen amenazas de violencia o agresión física. En un escenario como éste, convendrá que no le digas al abusador que lo vas a dejar hasta que no te hayas ido y te encuentres en un lugar seguro. E, incluso entonces, convendrá que las comunicaciones sean breves, basadas en hechos y presentadas de tal forma que al narcisista no le quede ninguna puerta abierta por la cual meterse de nuevo en tu vida.

Pero ¿qué pasa si no puedes abandonar a un narcisista justo en este momento o tienes que tratar con él en un contexto que no puedes evitar, como sería el lugar de trabajo? ¿Qué sucede si es un miembro de tu familia, del cual no te puedes «despegar»? He aquí algunos consejos sobre cómo poner límites a un narcisista.

No respondas emocionalmente a sus tácticas y provocaciones. Si un niño pequeño tuviera una rabieta y te insultara, ¿te sentirías afectado por sus despotriques? No me entiendas mal: los narcisistas son adultos y son del todo responsables de sus conductas. Sin embargo, tú no tienes por qué satisfacer su necesidad de atención o de una reacción por tu parte. Siempre que sea posible, contempla sus ataques de furia como lo haría un observador externo, en vez de como alguien directamente involucrado en la discusión. Observa lo ridículas que son sus payasadas, e intenta que tus respuestas sean, en la medida de lo posible, breves y distantes a nivel emocional.

Además, márcate un límite más allá del cual no vas a ceder ante comportamientos emocionalmente manipuladores que busquen que te sientas culpable o en la obligación de hacer algo. Tú no eres culpable de la disfunción narcisista, y no es tu responsabilidad solventarla. A menos que seas su terapeuta (y, aun entonces, tú estás ahí para ofrecer ayuda, con límites incluidos), no es tu trabajo «arreglar» o «curar» a nadie de sus comportamientos destructivos hacia los demás, ni tienes por qué tolerarlos en tu propio detrimento. Es *su* responsabilidad sanarse y arreglarse a sí mismo. Tú te debes a ti mismo, tienes que discernir si una persona es tóxica para tu bienestar y saber cuándo soltarte y alejarte. No alimentes sus comportamientos enloquecedores reaccionando del modo en que quiere que lo hagas.

Que tus interacciones sean lo más breves posibles; puedes ser cordial, pero no te involucres. Si no tienes más remedio que dialogar con un narcisista, adquiere el hábito de cambiar de tema o de dejar la conversación mientras sientas que las cosas entran en un terreno que te parezca inseguro. Si, por ejemplo, tu hermana narcisista tiene la costumbre de traer a colación el estatus de vuestra relación como una forma de menospreciarte, redirige la conversación hacia algo en lo que *ella* pueda estar interesada, algo que permita a una narcisista hablar de sí misma, con lo cual dejará de centrarse en ti.

Haz una lluvia de ideas sobre posibles salidas en el futuro. Sólo porque estés atrapado en estos momentos en un puesto de trabajo concreto no quiere decir que vayas a estar ahí siempre. Sólo porque te sientas incapaz de abandonar a una persona tóxica en este momento no significa que tengas que soportarla de por vida. Haz planes para el futuro. Ahorra y explora tus opciones. Si estás casado con una persona narcisista, obtén los servicios de un planificador financiero de divorcios y de un abogado que esté bien versado en personalidades altamente conflictivas. Consigue apoyo de personas capaces de aconsejarte bien, de grupos de apoyo, amigos y miembros de la familia que «te comprendan». No dejes que la persona narcisista se meta en tus planes, pues intentará sabotearlos.

Documéntalo todo. La documentación suele ser necesaria en el caso de una persona narcisista, sobre todo en el puesto de trabajo. Guarda un buen registro de correos electrónicos, mensajes de texto, mensajes de voz e, incluso, grabaciones de audio o vídeo de conversaciones, si las leyes de tu país lo permiten, pues convendrá que tengas pruebas de sus abusos. La documentación es especialmente pertinente si decides abrir una causa legal contra tu abusador, y puede ser de inmensa ayuda para resistir las estrategias de luz de gas de un narcisista.

Practica la conciencia plena y extrema los cuidados personales. Como discutiremos en el capítulo 7, los cuidados personales son extraordinariamente importantes después de haber sido aterrorizado por un individuo tóxico, pero también pueden ser del todo necesarios si una persona así te está quitando la energía. Modalidades sanadoras como la meditación, el yoga y la visualización de un lugar seguro pueden ser magníficas herramientas para que vuelvas a arraigar en el aquí y ahora, a fin de que renueves la energía y la confianza ante cualquier situación a la que te enfrentes con un narcisista.

Personalidad tóxica tipo 5: sociópatas y psicópatas
«Sociópata» y «psicópata» son los términos más utilizados para designar a personas con un trastorno de personalidad antisocial (TPA), que es el diagnóstico más aproximado del que disponemos para describir la psicopatía en la versión más actual del *Diagnostic and Statistical Manual of Mental Disorders* (DSM-5). Una persona con TPA por lo general exhibirá rasgos y comportamientos que tiendan a transgredir los derechos de los demás, a no conformarse con las normas sociales, irritabilidad y agresividad, engaño, impulsividad, desprecio imprudente por uno mismo y por los demás, irresponsabilidad constante y falta de remordimientos. Aunque no todo el mundo con TPA es un sociópata o un psicópata, muchos sociópatas y psicópatas satisfacen los criterios del TPA. Existe la teoría de que, mientras los sociópatas (por lo general asociados con el subtipo secundario altamente ansioso e impulsivamente hostil descrito con anterioridad) son un producto de su entorno, los psicópatas primarios de baja ansiedad, que agreden de forma premeditada e instrumental, nacen así y no «se hacen». Sin embargo, tanto si estás tratando con un sociópata como si lo haces con un psicópata, ambos tienen un buen número de características comunes.

Dado que el trastorno de personalidad antisocial no se puede diagnosticar en ninguna persona de menos de dieciocho años de edad, aquellas que muestran esta sintomatología en expansión suelen recibir un diagnóstico de trastorno de conducta antes de cumplir los quince años. Esto significa que han podido tener un historial infantil de comportamientos preocupantes, como matar o torturar animales pequeños, hacer *bullying* a compañeros de clase, cometer robos, provocar incendios y mentir patológicamente.

Para comprender mejor el problema, el experto en psicopatías, el doctor Robert Hare, hace una relación de características adicionales específicas de psicópatas en la Lista Revisada de Comprobación de Psicopatías de Hare:

- Falta de seriedad y encanto superficial.
- Mentiroso patológico.
- Estilo de vida parasitario.
- Ingenioso y manipulador.
- Impulsivo.
- Insensible y falto de empatía.
- Emociones superficiales.
- Necesidad de estimulación.
- Afectos superficiales.
- Irresponsabilidad.
- No asunción de responsabilidades por sus comportamientos.
- Carencia de objetivos realistas a largo plazo.
- Promiscuidad sexual.
- Propensión al aburrimiento.
- Problemas conductuales tempranos o delincuencia juvenil.
- Numerosas relaciones de pareja breves.
- Versatilidad criminal.
- Sentido grandioso de sí mismo.

Sociópatas y psicópatas son los más malignos de los tipos tóxicos, no sólo porque carecen de empatía, sino también porque carecen de remordimiento y de conciencia. Algunos muestran tendencias violentas y tienen comportamientos criminales (como los asesinos Scott Peterson y Chris Watts, de los que ya hemos hablado), y otros son ciudadanos en apariencia honrados que portan una máscara y cometen transgresiones en sus relaciones de puertas adentro. Sea como sea, es probable que se entreguen a actividades de alto riesgo, a tener múltiples aventuras amorosas, a actividades fraudulentas o estafas y a la explotación de otras personas en beneficio propio. Dejan un reguero de víctimas a su paso y sienten un placer sádico haciendo daño a los demás. Los rasgos definitorios de un psicópata serían los siguientes:

- Mentiroso patológico.
- Superficialmente encantador.
- Anhelo de estimulación constante.
- Embaucador insensible y sin conciencia.
- Oculta una doble vida.
- Se sobrestima, se siente grandioso.
- Estilo de vida parasitario y promiscuidad.
- Agresivo e impulsivo.
- Se burla y traumatiza por mera diversión.
- Se oculta a la vista de todos.

En el tristemente célebre caso de Mary Jo Buttafuoco, su sociópata marido, Joey, fue capaz de mantener sus engaños y su aventura amorosa con una joven incluso después de que ésta decidiera presentarse en la puerta de la casa de Mary Jo y descerrajarle un tiro en la cabeza. Afortunadamente, Mary Jo sobrevivió y, como dice en su libro *Getting It Through My Thick Skull* (*Entendiéndolo a través de mi grueso cráneo*), su marido era muy convincente negando su infidelidad y con sus excusas, y añade: «Uno de los rasgos más destacados y elocuentes de muchos sociópatas es su fantástica habilidad para manipular a los demás y mentir por obtener ventajas, por evitar un castigo o simplemente por diversión […] lo único que puedo decir es que, si no has estado nunca bajo el hechizo de un sociópata, siéntete afortunada. Pueden encandilar hasta a los pájaros en los árboles y decirte que el negro es blanco, y hacer que te lo creas» (2009, 27).

Cómo poner límites a un sociópata o a un psicópata
Debido a los peligros que supone, poner límites ante estos tipos depredadores precisa una serie diferente de estándares y protocolos de segu-

ridad. Si sospechas que estás tratando con alguien que es un sociópata o un psicópata, ten cuidado. Evita los encuentros cara a cara, y pon en primer lugar tu seguridad. He aquí algunas directrices que puedes seguir.

Notifica a todas las personas en las que confíes de verdad que quizás estés tratando con alguien que es potencialmente peligroso. Habla con un terapeuta de confianza, con un amigo íntimo o con un miembro de tu familia (sobre todo con alguien que no sea íntimo de esta persona) de tus preocupaciones acerca de lo que esta persona podría hacer. De este modo, habrá al menos unas cuantas personas que sabrán lo que está pasando en caso de que te ocurra algo.

Contacta con las fuerzas del orden si existe algún acoso, hostigamiento o amenazas. La documentación que hayas podido recopilar (mensajes de texto, correos electrónicos, mensajes de voz, etc.) corroborarán tus quejas. No dejes que la persona sepa dónde te encuentras. Pon controles de privacidad en tus redes sociales para limitar la información que ofreces en público.

En las primeras fases de una cita, reserva tu identidad y tu información personal. En vez de utilizar tu verdadero número de teléfono, usa un número de una aplicación de mensajes de texto o bien Google Voice para hacer llamadas. No reveles dónde vives y queda con esa persona siempre en un lugar público. No vayas a su casa ni la lleves a la tuya en un principio. No reveles tus ingresos ni los traumas personales que hayas podido padecer hasta que no tengas un conocimiento más sólido sobre el carácter de la persona. No prestes dinero ni permitas que nadie vaya a vivir contigo hasta que no conozcas bien a la persona. Sociópatas y psicópatas están buscando siempre personas con vulnerabilidades a las cuales explotar, de las que puedan aprovecharse o puedan estafar.

REFLEXIÓN PARA EL DIARIO: **Conoce a tus depredadores**
¿Quiénes son las personas tóxicas y manipuladoras de tu vida? Haz una lista de personas que muestren los comportamientos de los

que se habla en este capítulo. Junto a cada nombre, anota en cuál de las cinco categorías de toxicidad crees tú que podrías clasificar a esa persona. ¿Cuál de las estrategias que se te ofrecen en este capítulo podrías practicar la próxima vez que interactúes con cada una de estas personas en función de su tipo de toxicidad?

A diferencia de los tipos más «mansos» de vampiros emocionales, asaltalímites y enloquecedores, que poseen cierta empatía y son capaces de cambiar, los tipos malignos son bastante difíciles de tratar, y tendrás que utilizar una serie de habilidades diferentes para interactuar de forma segura con ellos, de manera que vamos a profundizar más en estos casos en el próximo capítulo.

CAPÍTULO 3

MANUAL DE ESTRATEGIA
DE LA TOXICIDAD

Cómo contrarrestar las tácticas
de manipulación

Aunque sucedió hace muchos años, aún me acuerdo de la noche en que entré en la oficina de la policía local de Manhattan para pedir mi primera orden de alejamiento. Eran las tres de la madrugada. Acababa de recibir otro mensaje amenazador de mi exnovio cuando me decidí a llamar al 911. Rellené con atención el informe policial, con mano temblorosa y el corazón latiendo desbocado, en lo que se me antojaba un millón de veces por minuto. Afortunadamente, disponía de todas las evidencias que necesitaba. Había documentado decenas de llamadas perdidas desde números de teléfono anónimos, correos desde direcciones de correo electrónico falsas y los incesantes mensajes de texto que me había estado enviando día tras día para provocarme e intentar atraparme de nuevo. Incluso creó una dirección falsa de correo electrónico con mi nombre y con una referencia a mis libros en ella para recordarme que estaría siempre vigilándome y que intentaría sabotear mi carrera. Aquello no me sorprendió, teniendo en cuenta que, durante el transcurso de nuestra relación, me había estado sometiendo a continuos arrebatos de celos claramente patológicos.

Pero esta vez estaba preparada. En respuesta al torrente de mensajes que me mandó, que iban desde el bombardeo amoroso hasta los ataques de furia, yo le hablé con calma, ciñéndome exclusivamente a los hechos, para decirle que dejara de acosarme. Claro está que aquello no tuvo efecto alguno en él, de modo que decidí llamar a la policía sin advertirle de ello. Llevó alrededor de un día, pero por fin arrestaron a mi exnovio por acoso y me concedieron la orden de alejamiento tras su liberación. Después de aquello, nunca más volvió a molestarme.

Por desgracia, no todas las víctimas tienen tanta suerte. Muchas siguen siendo acosadas por sus parejas incluso años después de su separación. Otras han sido asesinadas incluso, y, en algunos casos, las órdenes de alejamiento pueden a veces empeorar la situación. Es por ello que, para enfrentarnos de forma efectiva a personas tóxicas y narcisistas, convendrá prepararse primero. Tendremos que conocer los entresijos de su comportamiento, por qué hacen lo que hacen, cuáles son sus planes y cómo podemos reaccionar de la manera más segura.

En el capítulo 1, estuvimos viendo de manera breve algunos de los comportamientos de las personas tóxicas. Pero, a medida que nos vayamos adentrando en ellos en este capítulo, ten en cuenta lo siguiente: los tipos estándar utilizan *ocasionalmente* estas tácticas para conseguir lo que quieren, y algunas de ellas lo hacen sin darse cuenta; pero los tipos malignos utilizan estas técnicas de manipulación *como una forma de vida*. Las emplean con frecuencia y en exceso, no sólo para conseguir lo que quieren, sino también para provocar reacciones emocionales en los demás. Muchas de estas tácticas las usan como métodos de distracción con el fin de silenciarte y menospreciarte. A medida que vayas leyendo las historias que vienen a continuación, observa si reconoces alguna de estas tácticas y comportamientos en gente con la que te has relacionado o te relacionas en la actualidad.

El cerrojo y el tratamiento de silencio

De vez en cuando, en una relación, alguien puede necesitar un «descanso» en una discusión con el fin de tranquilizarse o de reflexionar sobre el problema. Cuando eso sucede, transmiten de forma respetuosa que necesitan tomarse un descanso. Los tipos tóxicos benignos o las personas de «tendencias evitadoras» pueden utilizar a veces el *cerrojo* (negarse por completo a hablar) para evitar discusiones que presentan una amenaza para la relación (Kuster *et al.,* 2017). Sin embargo, con los tipos malignos, las cosas son completamente diferentes. Los narcisistas utilizan el cerrojo en numerosas ocasiones para silenciar a sus víctimas e invalidarlas a nivel afectivo. De este modo provocan un intenso dolor emocional en ellas, se ponen por encima de ellas e intentan que pierdan el control. Según los investigadores Kipling Williams y Steve Nida (2011), el hecho de que se te aísle socialmente o se te ignore (como cuando te hacen el cerrojo o el tratamiento de silencio) activa el *córtex cingulado anterior,* la misma parte del cerebro que registra el dolor físico. Es decir, que te hagan esto puede ser tan doloroso como si te dieran un puñetazo en el rostro.

Una superviviente, Lauren, comentaba: «Mi exnovio narcisista tomaba represalias sometiéndome a tratamiento de silencio durante períodos prolongados de tiempo. Por lo general lo hacía cuando yo respondía emocionalmente a algo que él hubiera dicho o hecho, o al hecho de que hubiera sobrepasado alguno de mis límites. Incluso se mostró frío y distante conmigo cuando le dije que a mi padre le habían diagnosticado un cáncer de pulmón».

Las personas tóxicas que aplican el cerrojo no permiten que tengas ideas, opiniones o percepciones diferentes a las suyas. Prefieren interrumpirte, no escucharte o cortar por completo las líneas de comunicación. Invalidan tus perspectivas y tus emociones, se niegan a reconocer tus preocupaciones y lanzan ultimátums para forzarte a ceder ante sus exigencias, por miedo o por obligación. El cerrojo lleva a las víctimas a reprimir y sacrificar sus verdaderas emociones, lo cual, según las investigaciones, reduce el bienestar y la calidad de la relación (Impett *et al.,* 2012).

Como descubrió el investigador John Gottman, el cerrojo es uno de los cuatro estilos de comunicación en una relación (él los llama los «cuatro jinetes del apocalipsis» [1994]) que pueden predecir su inevitable final; los otros tres son las actitudes defensivas, el desprecio y las críticas, todos los cuales figuran también en el resto de tácticas de manipulación de las que hablaremos en este capítulo.

En una relación sana, el *afrontamiento diádico,* proceso por el cual «una persona responde de manera comprensiva a las señales de estrés de la otra persona, validando sus sentimientos, ofreciendo consejo o proporcionando apoyo práctico», construye unos cimientos sólidos en la relación (Kuster *et al.,* 2017, 578). El afrontamiento diádico es un predictor fiable de calidad, intimidad y estabilidad en una relación. Cuando ambos miembros de la pareja sintonizan con las necesidades del otro, y existe reciprocidad y transparencia en la forma en que se validan mutuamente sus experiencias, ambas personas se sienten seguras a la hora de compartir sus emociones y saben que sus palabras y sentimientos serán tenidos en cuenta, que se las escuchará y recibirán apoyo. Cortar con una conversación antes incluso de que haya comenzado es una forma segura de no asumir responsabilidades y de destruir la intimidad y el afrontamiento diádico en una relación.

El patrón de «exigencia-retirada» en las relaciones, donde una persona se retira y la otra se vuelve cada vez más exigente y ansiosa como respuesta, provoca depresión en las víctimas del cerrojo y fomenta el conflicto en la relación (Schrodt *et al.,* 2013). Aunque algunas parejas (sobre todo varones) tienen el hábito de recurrir al cerrojo para evitar el conflicto, lo que provocan con ello es generar *más* tensión emocional, dejando los problemas sin resolver.

El cerrojo es aún más potente cuando es despiadado, frío y está cargado de intención manipuladora. Cuando un narcisista maligno se retira, lo hace para que le ruegues que te perdone. Como el psicólogo Jeff Pipe comenta, «en las relaciones, el cerrojo es el equivalente emocional a cortarle el oxígeno a alguien. El desapego emocional inherente al cerrojo es una forma de abandono» (2014). El cerrojo evoca en un principio cierto terror, seguido por sentimientos de cólera y por esfuerzos inútiles por conseguir alguna reacción o resolución por parte de quien aplica el cerrojo. Si estos intentos fracasan, la víctima se siente abandonada, descuidada y no querida, como lo demuestra el siguiente ejemplo, el de Lydia.

Lydia estaba preocupada por la forma en que la trataba su pareja, John. Éste había perdido los estribos y no hacía más que criticarla. El día del cumpleaños de Lydia, ella intentó expresarle lo que su comportamiento le hacía sentir durante la cena, pero él invalidó sus sentimientos diciéndole que estaba exagerando. Y cuando ella intentó explicarle lo mucho que le dolían aquellos comentarios, él respondió enojado: «¡No voy a hablar más!». Se levantó de la mesa y se fue de casa sin más explicaciones, dejándola sola el día de su cumpleaños.

Lydia le llamó por teléfono, pero él rechazó sus llamadas, y ni siquiera leyó sus mensajes de texto. Lydia se pasó la noche dando vueltas en la cama, llorando, preocupada por él. John no regresó. La productiva conversación que Lydia esperaba tener había terminado incluso antes de haber comenzado; y, lo que es peor, John había arruinado su cumpleaños. Él llamó al día siguiente, comportándose como si nada hubiera ocurrido. Cuando Lydia le preguntó a John dónde había estado, él le dijo: «Lo que tendrías que hacer es hablar de tus problemas con un terapeuta», y le colgó sin esperar respuesta.

En este escenario, John vuelve a hacerle el cerrojo, invalidando las emociones de Lydia y redirigiendo con rudeza la conversación, negándose a resolver los problemas, aunque sigan ulcerándose por debajo de la superficie. Esto le generará a Lydia más angustia, una tensión y un trauma innecesarios, por no mencionar las profundas heridas emocionales provocadas por el abandono. John es un narcisista típico en tanto en cuanto muestra poca o ninguna empatía por el dolor de Lydia, abandonándola un día tan especial. Si él se hubiera tomado el tiempo necesario para abordar las preocupaciones de ella (algo que no parece tener la capacidad emocional de hacer), el resultado habría sido mucho más productivo y pacífico.

Aunque el cerrojo parezca poner fin a una conversación, en realidad está comunicando muchísimas cosas, algunas bastante crueles, al menospreciar a la persona sobre la cual se ejerce el cerrojo. Con independencia de las intenciones de quien aplica esta técnica, con el cerrojo le está diciendo a su pareja: «Tú eres insignificante. No mereces que te responda. Tus pensamientos y tus sentimientos no me importan. *Tú* no me importas».

Una variante del cerrojo es el tratamiento de silencio, que es una forma de castigo que a veces aplican las personas tóxicas sin motivo alguno, o bien para condicionarte, para hacerte ver que poner límites puede tener consecuencias devastadoras. Los depredadores de la manipulación suelen utilizar el tratamiento de silencio para inducir una sensación de temor, de obligación o de culpa en ti, para que termines pidiendo perdón o accediendo a lo que quieren. El asesor de salud mental Richard Zwolinski (2014) sostiene que esta táctica es una de las preferidas de los narcisistas: «El tratamiento de silencio se puede utilizar como táctica de abuso, y viene a ser la versión en narcisista adulto del niño que dice "voy a aguantar la respiración hasta que cedas y me des lo que quiero"».

Si has tenido que soportar este tipo de manipulación, convendrá que sepas que tus sentimientos de desamparo constituyen la reacción más habitual. El cerrojo y el tratamiento de silencio en manos de un narcisista pueden ser angustiosos e insoportables.

Consejos para vencer el cerrojo y el tratamiento de silencio

Si te aplican un tratamiento de silencio, utilízalo como un período para la libertad y los cuidados personales. En vez de perder el tiempo intentando hablar con la persona que te ignora, toma conciencia de tus emociones y de cómo esta persona te hace sentir. Reenmarca la experiencia como una oportunidad para desapegarte de esa persona y como un recordatorio de que tú no te mereces que te traten así. Recuerda que, cuando un narcisista te hace el cerrojo o te somete a tratamiento de silencio, lo que *busca* es que tú respondas. Quiere que vayas detrás de él y que implores su atención. Quiere provocarte. Quiere controlarte y reducirte.

Si te están haciendo el cerrojo y has intentado comunicar tus sentimientos en vano, sé consciente de que el problema no lo tienes tú. Si se trata de un problema crónico, convendrá que dejes de culparte y de ir con pies de plomo intentando complacer a alguien que no se va a dejar complacer. Los patrones de comunicación de una persona tóxica no se pueden cambiar a menos que la persona esté dispuesta a cambiarlos.

Mientras que el cerrojo *se puede* reducir en unas relaciones saludables en las que ambas personas estén dispuestas a esforzarse por sanar los patrones disfuncionales, en una relación insana con una pareja patológica, lo más importante van a ser los cuidados personales y la autoprotección. Llega un momento en que es mejor alejarse y dejar de hablarle a esa persona que, al fin y al cabo, no tiene ningún interés en escucharte. De lo contrario, no harás otra cosa que alimentar los juegos de una mente enferma. Si un narcisista te hace el cerrojo, ahórrate la voz para las personas que de verdad te respetan y dedica el tiempo a cuidarte.

REFLEXIÓN PARA EL DIARIO: **Casos de cerrojo**

Toma nota de aquellos casos en los que te hayan cerrado la puerta en una conversación. ¿Cómo te sentiste? ¿Qué es lo que no pudiste expresar? En el futuro, ¿de qué modo vas a cuidar de ti cuando te encuentres con un cerrojo?

Luz de gas

La luz de gas es una forma insidiosa de manipulación que tiene por objetivo erosionar tu sentido de la realidad. Una persona tóxica te hace luz de gas cuando se enzarza en una discusión enloquecedora en la cual cuestiona e invalida tus ideas, las experiencias que has tenido, tus emociones, tus percepciones y tu misma cordura. Mediante la luz de gas, narcisistas, sociópatas y psicópatas te agotan hasta el punto de que eres incapaz de responder. La persona tóxica sabotea todos tus esfuerzos por encontrar cierta sensación de certidumbre y validación en lo que has experimentado, con lo que te resulta más difícil encontrar vías para distanciarte de ella.

El término «luz de gas» lo acuñó Patrick Hamilton en 1938 en su obra teatral *Gas Light,* en la que un marido manipulador llevaba a su esposa al borde de la locura haciendo que se cuestionara su propia realidad. También se popularizó en la famosa adaptación al cine de 1944 *Gaslight,* un *thriller* psicológico en el que un tal Gregroy Anton asesina a una famosa cantante de ópera para, posteriormente, casarse con su sobrina, Paula.

Gregory trastoca el sentido de la realidad de su esposa llevándola a creer que la casa de su tía está encantada, con el fin de hospitalizarla y poder así, finalmente, hacerse con el resto de las joyas de la familia. Gregory cambia las cosas de lugar en la casa, hace que las luces de gas parpadeen y genera ruidos inexplicables en el desván. Y, tras ingeniar todos estos escenarios enloquecedores, convence a Paula de que todos aquellos sucesos son producto de su imaginación. La aísla de tal manera que ésta no pueda encontrar apoyo externo ante el terror que está experimentando, e incluso consigue la colaboración de otras personas para que refuercen la falsa realidad creada. Por ejemplo, hace venir a las sirvientas para que confirmen que no han cambiado de sitio un cuadro, y convence a Paula de que fue ella quien lo cambio de lugar, aunque ahora no recuerda haberlo hecho. Finalmente, la mujer se percata del engaño y de que siempre estuvo en su sano juicio cuando una persona de fuera (un inspector) le confirma que las luces de gas parpadean.

Esta película refleja en gran medida las vivencias por las que pasan muchos supervivientes sometidos a abusos y aislamiento. Tienen la sensación de que están perdiendo el juicio, hasta el punto de no poder confiar en sí mismos. Y sólo se percatan de los elaborados engaños a los que son sometidos cuando se encuentran con un «inspector» que valida sus percepciones.

El motivo por el cual la luz de gas es tan efectiva es porque la mera repetición de «hechos alternativos» puede ser lo bastante poderosa como para disuadirnos de nuestra verdad. En diversas investigaciones se ha descubierto que, si una afirmación se repite una y otra vez (aunque sea falsa, y aunque los sujetos sean *conscientes* de que es falsa), es más probable que se evalúe como verdadera debido al efecto de la repetición (Hasher, Goldstein y Toppino, 1977). Este efecto es incluso más poderoso si la persona a la que se le repite tal afirmación está cansada o distraída con otra información, como suele ocurrir con las víctimas de la luz de gas cuando las manipulaciones de sus abusadores terminan por agotarlas. La familiaridad con una afirmación también juega un importante papel a la hora de creérnosla, a veces incluso más allá de toda credibilidad (Begg, Anas y Farinacci, 1992; Geraci y Rajaram, 2016).

Los manipuladores que utilizan la luz de gas para reescribir la historia recurren a este «efecto ilusorio de verdad» en su propio provecho. Repiten falsedades con tanta frecuencia que terminan por inculcarlas en la mente de sus víctimas como si de verdades irrefutables se tratara. De hecho, las personas manipuladoras logran escabullirse de aquellas situaciones complicadas en las que se meten llevando a la víctima a dudar de su propia realidad, haciendo que se cuestione su salud mental y que deje de confiar en sus percepciones. Mientras estos manipuladores están ocupados reescribiendo la historia, la víctima está demasiado absorta intentando reconciliar las afirmaciones de la persona tóxica con lo que ha visto, escuchado y presenciado como para darse cuenta de que se han transgredido sus límites. Es muy habitual que los narcisistas malignos hagan luz de gas a sus víctimas diciéndoles cosas como: «Yo nunca he dicho eso», «Estás exagerando», «Eres demasiado sensible» o «Estás sacando las cosas de quicio».

Otra forma en que los narcisistas hacen luz de gas a sus víctimas es sugiriéndoles que están enfermas, como si tuvieran la suficiente autoridad médica como para diagnosticar a un paciente inestable. Hay abusadores domésticos que van tan lejos como para interferir directamente con la salud mental de sus víctimas, intentando obtener evidencias externas que indiquen que la víctima «está perdiendo la cordura». De este modo, minan la credibilidad de sus víctimas, consiguiendo que se las vea como inestables y volubles cuando denuncian sus abusos. De hecho, la National Domestic Violence Hotline («Línea Directa Nacional de Violencia Doméstica», NDVH, 2018) no recomienda la terapia de parejas en el caso de que una de las personas sea una abusadora, dado que la terapia puede convertirse en un espacio donde la víctima puede sufrir aún más la luz de gas del abusador. La NDVH, junto con el Centro Nacional de Violencia Doméstica, Trauma y Salud Mental de Estados Unidos, estima que el 89 % de las personas que llama por teléfono buscando ayuda ha sufrido alguna forma de coacción sobre su salud mental, y que el 43 % ha sufrido coacciones por abuso de sustancias (Warshaw *et al.,* 2014). Tales abusadores contribuyen activamente en los problemas de salud mental o de uso de sustancias de sus parejas, para más tarde amenazarlas con utilizar esta información contra ellas en procedimientos legales, como suele suceder en los casos de custodia de los hijos.

A diario puede existir cierta luz de gas en una relación debido a errores y malas interpretaciones, pero toda aplicación de luz de gas de forma deliberada se realiza con un plan en mente. Como señala la terapeuta Stephanie Sarkis (2017), cuando un narcisista maligno utiliza la luz de gas es porque tiene un objetivo: «El objetivo es conseguir que la víctima o víctimas se cuestionen su propia realidad y dependan de ellos. En caso de trastorno de personalidad, como puede ser el trastorno de personalidad antisocial, la persona nace con una insaciable necesidad de controlar a los demás».

Las personas que utilizan luz de gas recurren al avergonzamiento, el castigo y la invalidación emocional cuando las víctimas llaman la atención sobre sus abusos. La aplicación crónica de luz de gas puede provocar mucho miedo, ansiedad, desconfianza en uno mismo y disonancia cognitiva, es decir, ese estado de agitación interior que surge cuando existen creencias conflictivas y contradictorias. Por una parte, la víctima se percata de que algo va mal, que no está bien. Por la otra, la invalidación autoritaria y constante de la persona que aplica la luz de gas sobre la realidad y las percepciones de la víctima hace que ésta se sienta sorprendida y muy confusa al no poder confiar en sus propias experiencias.

Las víctimas que sufren luz de gas durante prolongados períodos se sienten del todo inseguras y terminan confiando más en las falsedades de su abusador que en sus propias percepciones. Según Robin Stern, autor de *Efecto luz de gas* (2007),[5] esto se debe, en parte, a la necesidad de validación que tiene la víctima por parte de quien le aplica la luz de gas, necesidad que se ve reforzada a lo largo de todo el ciclo de abusos.

Katerina sospecha de que su marido, Dale, le está engañando con otra mujer. No sólo llega tarde a casa cuando sale del trabajo, sino que se suele llevar el teléfono al baño, se levanta en mitad de la noche para responder a sospechosas llamadas y envía mensajes de texto de manera incesante durante la cena. Katerina ha descubierto incluso una prenda de lencería que no es suya en su propia cama, pero Dale insiste en que es de ella. Cada vez que Katerina le pregunta dónde ha estado, qué ha estado haciendo y con quién, él se enoja, acusándola de imaginarse cosas, de estar «loca», de ser «dependiente» o «paranoide». A pesar de las

---

5. Publicado por Editorial Sirio, Málaga, 2019.

evidencias, ella no tarda en preguntarse si en realidad se estará volviendo paranoide. Después de todo, la lencería quizás fuera suya. Puede que las llamadas *fueran* de sus compañeros de trabajo, tal como él sostiene. Que él se esté distanciando quizás *sea* culpa de ella, tal como afirma él. Tal vez necesite más tiempo para sí mismo, razona Katerina.

Así, ella comienza a evitar los enfrentamientos con Dale, intenta complacerle del mejor modo posible y redobla sus esfuerzos por ser más cariñosa. Y renuncia a hablar de aquella prenda femenina hasta que, un día, al volver a casa del trabajo antes de la hora prevista, se encuentra con su marido en la cama con la vecina de la puerta de al lado.

Consejos para apagar la luz de gas

Si sospechas que te están haciendo luz de gas, busca la ayuda de una tercera persona en la que puedas confiar plenamente, como puede ser un terapeuta experto en traumas que esté especializado en la recuperación de este tipo de abusos encubiertos. Trabajad juntos sobre tu narrativa de lo ocurrido en la relación. Plasma todo eso por escrito, para reconectar con tu propia sensación de realidad. Convendrá también que lleves un diario para registrar tus emociones, pensamientos, sentimientos y percepciones; de este modo, tendrás un relato de todo lo acaecido.

Si tienes dudas, documéntalo todo, en especial si la luz de gas te la aplican en el puesto de trabajo. Imprime los correos electrónicos, haz capturas de pantalla de mensajes de texto, guarda los correos de voz y, si es legal en tu país, graba las conversaciones. En vez de caer en la trampa de buscar una explicación o una validación por parte de quien te aplica luz de gas, recurre a tu propia validación. Cuando corrobores la realidad de los abusos que sufres, te hallarás un paso más cerca de sanar de la relación con un narcisista. Aférrate a lo ocurrido y no dejes que nadie reescriba la realidad por ti.

REFLEXIÓN PARA EL DIARIO: **Verificación de la realidad**
Relata tu historia por escrito desde tu perspectiva, no desde la de quien te aplica luz de gas, para contextualizar la situación. Una vez hayas hecho el seguimiento de tu proceso y hayas narrado tu realidad por escrito, podrás identificar los patrones recurrentes en el

comportamiento de tu abusador en lugar de minimizarlos como incidentes aislados. Entonces, podrás extraer conclusiones acerca del verdadero carácter del abusador y de sus planes a partir de los derechos que hayan sido transgredidos, confirmando tus experiencias sin suscribir las declaraciones de tu abusador. Esto te ayudará a revivir parte de la culpabilidad y de la disonancia cognitiva que has padecido, mientras reconstruyes la confianza en ti mismo. Por ejemplo, una entrada en tu diario puede tener el siguiente aspecto:

Ejemplo: *Jim me ha dicho cosas terribles hoy, me ha insultado y ha criticado mi aspecto, aunque le he pedido una y otra vez que deje de comportarse así conmigo. Me he sentido pequeña, menospreciada, por haberlo hecho una vez más y, encima, no disculparse. Y, cuando me he quejado por ello, ha insistido en que yo era demasiado sensible y que no era más que una broma. Pero le he pedido muchas veces que deje de hacerlo, y una y otra vez ha pasado de mis peticiones. Sigue abusando verbalmente de mí y sigue indiferente a mis sentimientos. Parece que mis sentimientos no le importan en absoluto.*

El ciclo de bombardeo amoroso, intimación prematura y devaluación

El bombardeo amoroso es un método de manipulación que utilizan las sectas para engatusar a sus víctimas, por lo que podríamos decir que, si un narcisista o una personalidad similar te lo aplica en una relación, te conviertes en parte de una secta constituida por una sola persona. El bombardeo amoroso se caracteriza por halagos y alabanzas excesivas, atenciones constantes y una lluvia torrencial de afecto sobre el objetivo, por lo general al comienzo de una relación de pareja, de una amistad o de una asociación laboral, para conseguir que la víctima invierta rápido en la relación. Cuanto mayor sea la inversión, más difícil le resultará a la víctima soltarse una vez que el manipulador revele su verdadero carácter.

Danielle, una superviviente, recordaba lo siguiente: «Cuando empezamos a vernos, fue como si le conociera de toda la vida. Hablábamos durante horas. Teníamos intereses similares y nuestras aficiones también coincidían. Al poco tiempo de comenzar a salir, me decía a través de mensajes de texto que me amaba, que yo era su alma gemela y que se iba a casar conmigo algún día. Por momentos me sentía agobiada, pero tenía miedo de perder tan buen partido».

El bombardeo amoroso se centra en nuestras mayores vulnerabilidades y deseos: que se nos vea, se nos escuche, se nos tenga en cuenta, se nos valide y se nos muestre cariño. Es la droga de entrada en la adicción con una pareja narcisista. Los narcisistas lo usan para que nos vinculemos bioquímicamente con ellos y para que desvelemos pronto nuestra información más personal con el fin de manipularnos mejor. ¿Y funciona esta estrategia? Arthur Aron y sus compañeros de investigación (1997) descubrieron que la intimidad entre dos extraños podía potenciarse haciendo que entre ellos se hicieran una serie de preguntas cada vez más personales, creándose un vínculo estrecho mediante «autorrevelación personal sostenida, creciente y recíproca».

Con un narcisista, se pasa un tiempo considerable con este tipo de «intimación prematura» en las primeras fases de la relación. El narcisista suele desvelar asuntos en apariencia personales sobre sí mismo (que pueden haber sido elaborados previamente o pueden ser veraces) para que te sientas cómodo en su compañía y compartas con él tus más profundos deseos. Luego, tomando como base la información que ha reunido a partir de nuestras confesiones, construye una máscara con las mismas cualidades que anhelamos en una pareja, para hacernos sentir que estamos viviendo una conexión que sólo se da una vez en la vida. A través de la práctica de *fingir un futuro,* cuelgan la zanahoria de un futuro prometido, hablando de matrimonio, hijos y de una vida juntos desde el principio de la relación. De este modo, invertimos ciegamente en un futuro que nunca se hará realidad, ponemos nuestro tiempo, energía y dinero en un estafador cuyas promesas están vacías.

El bombardeo amoroso es increíblemente poderoso si se utiliza en una persona que está sanando aún de una pérdida o un trauma, o en alguien con algún tipo de vacío en su existencia. Como Dale Archer explica, «la oleada de dopamina del nuevo romance es mucho más potente de lo que sería si el blanco hubiera tenido una imagen positiva de sí mismo, porque el bombardeo amoroso satisface una necesidad que el blanco no puede satisfacer por sí solo» (2017).

Una vez la víctima mordido el anzuelo, la persona tóxica la derriba del pedestal. Esto recibe el nombre de *devaluación*. Periódicamente, la persona tóxica sigue dando a su víctima «migajas» de la fase de idealización, haciendo que se esfuerce más por recuperar la fase de luna de miel de la relación. En psicología se denomina *refuerzo intermitente* de recompensas positivas, e intenta provocar una respuesta en la víctima (*véase* más adelante para una discusión en profundidad de esta forma de refuerzo). Cada vez que la víctima esté a punto de abandonar, el abusador se abatirá sobre la presa con el comportamiento de «buen chico» o «buena chica», haciendo que la víctima dude de sí misma y de la verdadera naturaleza de su abusador. Las PAS suelen ser víctimas del bombardeo amoroso porque son tan emocionales de por sí que resuenan con la profundidad de interés que muestran sus depredadores.

Consejos para desactivar el bombardeo amoroso
Si recibes un exceso de halagos al comienzo de cualquier relación, sospecha. Recuerda que todavía estás conociendo a esa persona y que cualquier elogio que pueda hacerte no dejará de ser algo superficial, aunque sea cierto. Tú puedes aceptar amablemente los cumplidos sin invertir en alguien a quien no conoces. Los compañerismos orgánicos se construyen con el tiempo, con niveles coherentes de respeto y evidencias de que la persona es digna de tu confianza, no con una exhibición frenética de intereses injustificados. Trabaja sobre tu propio sentido de autoestima, amor propio y valoración de tu persona, para que no te dejes vencer con tanta facilidad por alguien que te barre el suelo delante de los pies.

Reduce el ritmo de la relación, evita la intimidad física durante las primeras fases del cortejo y observa cómo reacciona la otra persona ante tus límites. ¿Es capaz de respetar tus límites, o intenta pulsar el *avance rápido* presionándote y coaccionándote para que vayas más rápido de lo que quieres, enfureciéndose e intentando controlarte? Éstas serían las banderas rojas de advertencia. Será mejor que busques una conexión genuina, construida a lo largo del tiempo, en lugar de la química instantánea. Si alguien te hace un bombardeo amoroso, considera que esa persona tendrá que demostrar sus palabras vacías con acciones y comportamientos coherentes a lo largo del tiempo. Convendrá que te apliques el bombardeo amoroso a ti mismo a base de autoestima y reduciendo el ritmo de la relación. Sé consciente de lo que vales y no necesitarás a nadie que te halague.

REFLEXIÓN PARA EL DIARIO: **Detén el bombardeo amoroso**
Piensa en una persona tóxica que te haya hecho alguna vez un bombardeo amoroso o te lo esté haciendo en estos momentos. ¿Cómo podrías rebajar el ritmo de la relación? Si es una relación que tuviste en el pasado, ¿qué podrías haber hecho entonces para mantener las distancias? Entre otras opciones se encuentran: no responder a sus continuos mensajes de texto, tomarse un respiro y no verse entre semana, o reducir el ritmo del proceso de intimación física.

El refuerzo intermitente

En una relación abusiva, este tipo de refuerzo se utiliza para manipular a las víctimas con el fin de que éstas se esfuercen más por conseguir la aprobación del abusador. Los psicólogos Charles Ferster y B. F. Skinner (1957) descubrieron que los animales son más proclives a responder a un estímulo cuando las recompensas son impredecibles o si se dispensan bajo un patrón de «refuerzo intermitente». Por ejemplo, una rata presiona una palanca con más fervor y de forma persistente cuando se le enseña que la recompensa llega de manera aleatoria en vez llegar cada vez que pulsa la palanca, es decir, de manera predecible. De igual modo, un jugador ante una máquina tragaperras seguirá jugando con la esperanza de ganar a pesar de las pérdidas que tenga mientras intenta conseguir tan extraña recompensa. ¿Adónde lleva todo esto? A que nos esforcemos más por lo que parece que no podemos tener o, incluso, por la evanescente esperanza de obtener lo que una vez tuvimos. Como ya vimos al comienzo de este libro, el refuerzo intermitente es en especial potente en la construcción de un vínculo bioquímico con una pareja tóxica.

Las personas que se hallan en el espectro narcisista saben esto de manera instintiva y utilizan el refuerzo intermitente con las personas que se marcan como objetivo. Una vez hayan encerrado a su víctima en un ciclo de abusos, seguirán echando migajas de afecto, atenciones y bombardeo amoroso, y trocitos de la fase de luna de miel para mantener a sus víctimas a sus pies. De este modo se garantizan que la víctima siga esforzándose en todo momento por recuperar la aprobación del narcisista, en vez de pensar en maneras de *abandonar* la relación tóxica. Si un abusador se comportara de forma mezquina una y otra vez, la víctima no tendría razón alguna para seguir con él.

Sin embargo, las muestras de afecto intermitentes alimentan lo que el psicólogo clínico Joe Carver (2014) denomina la «pequeña percepción de bondad». En tanto que víctimas, tras soportar un angustioso abuso, percibimos de forma amplificada cualquier tipo de acto afectuoso o de palabras cariñosas. Incluso un período *sin abusos* se puede tomar como «afecto» debido a que la ausencia de terror la perciben como un regalo aquellas personas que están acostumbradas a estar en «zona de guerra». Del mismo modo que una miga de pan puede parecer una hogaza para una persona que está pasando hambre, la víctima de abusos ve ese ocasional acto amable como una evidencia de la generosidad de su abusador, y lo confunde con la totalidad de su carácter, en vez de verlo como una táctica que forma parte del ciclo de abusos. De este modo, le da a su víctima la falsa esperanza de que puede cambiar.

La esposa de Terry, Michelle, era muy abusiva. Le arrojaba cosas a la cabeza, le gritaba y le amenazaba con frecuencia con que le abandonaría y se llevaría a los hijos de ambos. Terry llegó a anticipar y a temer los ataques de furia de Michelle cada vez que llegaba a casa. El comportamiento de ella era voluble e impredecible. La mayor parte del tiempo se mostraba hosca y enojada. Sin embargo, había algunos días en que parecía estar en calma. En aquellos extraños días, ella cocinaba para él una deliciosa comida, lo colmaba de afecto y le contaba entusiasmada sus planes de futuro. Terry saboreaba aquellas noches de paz y se sentía especialmente vinculado a Michelle; se acordaba de cuando se conocieron: ella era encantadora y se pasaban las horas hablando hasta el amanecer.

Por desgracia, al día siguiente, los comportamientos abusivos volvían a hacer acto de aparición. A pesar del desagradable comportamiento de Michelle, Terry seguía sintiéndose atraído por ella; estaba convencido de que su conexión es de esas que sólo se dan una vez en la vida. Después de todo, cuando las cosas iban bien, iban *muy* bien; y cuando iban mal, iban muy mal. Terry racionalizaba que tendría que aceptar los malos momentos para poder disfrutar de los buenos. Ésta es la forma habitual en la que los abusadores utilizan el refuerzo intermitente de conductas positivas para mantener a sus víctimas vinculadas a ellas a través del trauma y del ciclo de abusos.

Consejos para abordar el refuerzo intermitente

Si te percatas de la existencia de un ciclo de comportamientos calor y frío, presiona el botón de pausa y retírate de la interacción. No alimentes ese ciclo respondiendo de un modo positivo a una persona que, al final, regresa al «buen» comportamiento tras un período de toxicidad. Si el buen comportamiento de alguien que conoces es «impactante» y un alivio para ti, considéralos como una bandera roja en lugar de como un semáforo en verde para seguir adelante con la relación.

En vez de consentir un comportamiento incoherente, *haz que tu propio comportamiento sea coherente* alejándote de alguien que no te respeta. Dependiendo de cuáles sean las circunstancias, bien puedes cortar lazos por completo con esa persona o «desvanecerte» poco a poco de su vida. Los individuos abusadores a quienes se les da una segunda, una tercera y una cuarta oportunidad no merecen ninguna más. Aborta la compasiva misión de intentar cambiarlos. Te han demostrado una y otra vez que no lo van a hacer, y que, aun en el caso de que *parezca* que cambian, no debes olvidar que no están haciendo otra cosa que metamorfosearse en la persona que fueron en un principio para conseguir que confíes en ellas de nuevo con el fin de seguir explotándote. No caigas en la trampa. Contempla el ciclo tal como es: un bucle sin fin que siempre regresará a sus principios tóxicos. Si una persona pasa de frío a caliente y viceversa, ha llegado la hora de que te vayas al extremo frío del espectro por tu propio bien.

La aspiradora

Cuando las personas tóxicas se encuentran con límites o con el fin de una relación, algunas de ellas ponen a prueba esos límites durante bastante tiempo después del término de la relación, intentando una y otra vez contactar contigo. Tratan de succionarte para introducirte de nuevo en el vórtice traumático de la relación, como lo haría una aspiradora, de ahí el nombre de esta táctica.

La aspiradora permite a la persona tóxica «controlar» los avances de su blanco a medida que éste reconstruye su vida. Por ejemplo, una expareja abusiva quizás haga la aspiradora sobre su víctima enviándole mensajes de texto en determinadas fechas para recordar los momentos felices que pasaron juntos. Una madre tóxica podría hacer la aspiradora a su hija adulta llamándola por teléfono después de un tiempo de silencio. Un imbécil común y corriente podría hacer la aspiradora a alguna de las chicas con las que «jugó» con la esperanza de encontrar alguna señal receptiva que apuntara a una reconciliación. Pero la aspiradora también se puede aplicar de manera indirecta, a través de terceras personas, que «pasan» el mensaje del abusador, o a través del acecho en redes sociales. Puede consistir en mensajes de bombardeo amoroso, historias acerca de cuánto ha cambiado (no lo ha hecho), mensajes de infravaloración o provocadores, una emergencia o enfermedad inventadas o incluso recurriendo al sadismo, con mensajes en los que el abusador alardea de su nueva pareja.

En contra de lo que se suele creer, cuando la persona que está intentando reconectar es tóxica, la aspiradora no va a consistir en echar de menos a nadie ni en el amor que se siente. Los investigadores Justin Mogilski y Lisa Welling (2017) descubrieron que aquellas personas que tienen rasgos de personalidad oscuros, como el narcisismo, la psicopatía y la duplicidad, intentan conservar la amistad con sus exparejas por una cuestión de pragmatismo o sexo, o bien por tener acceso a los recursos de la otra persona, *no* porque la eche de menos o la quiera, o porque haya tenido algún tipo de epifanía en lo relativo a su comportamiento destructivo hacia los demás. De manera que, si te encuentras con una «solicitud de amistad» de una expareja tóxica, ya sea en Internet o en la vida real, ten cuidado. Es muy probable que sus intenciones no sean tan puras como cabría esperar.

El psicólogo Tony Ferretti escribe lo siguiente: «Los narcisistas detestan el fracaso, odian perder, de modo que, si no son ellos quienes toman la decisión de terminar con la relación, harán todo lo que puedan para mantener algún tipo de vínculo. [...] Pueden mantener la conexión [con sus exparejas] a fin de tener acceso a recursos valiosos. Disponen también de información privilegiada sobre las vulnerabilidades de sus exparejas, debilidades que pueden explotar y manipular, con la sensación de poder y control que eso les proporciona» (Tourjée, 2016).

Los narcisistas no se privan incluso de publicar *posts* provocativos en sus plataformas *online* con la intención de sacar partido de sus víctimas, y las plataformas digitales les facilitan mucho el trabajo cuando hacen la aspiradora, acechan y acosan a sus víctimas. Antiguamente, las personas tóxicas tenían que enviar señales de humo o escribir cartas para hacerte la aspiradora, pero ahora hacen uso de Facebook, Instagram, Twitter y Snapchat; crean múltiples números de teléfono utilizando aplicaciones e, incluso, instalan *software* de espionaje en los dispositivos de sus víctimas.

La aspiradora pretende que te hagas ilusiones de que «esta vez será diferente», impidiéndote establecer el pleno control de tu vida y manteniéndote enredado en la tela de araña tóxica del narcisista. En la mente del individuo narcisista, si puede «picarte» para que respondas y establezcas conversación, también podrá cebarte para recuperar la relación abusiva.

Consejos para interceptar la aspiradora

Para prevenir la aspiradora, bloquea el número de teléfono, el correo electrónico y todos los perfiles en redes sociales de la persona tóxica. Corta lazos con todos los amigos comunes que el narcisista pueda utilizar para obtener información de ti, tanto en Internet como en la vida real. Claro está que el narcisista intentará hacerte la aspiradora por otros medios, como a través de cuentas anónimas o acechándote (en cuyo caso, convendrá que lo documentes todo y des cuenta a las fuerzas de seguridad, dependiendo de las circunstancias).

Si esto ocurre, no cedas a la aspiradora. Replantéate tu suposición automática de que ese intento por restablecer el contacto por cualquier medio es porque la persona tóxica te echa de menos; más bien, repítete: «No me echa de menos *a mí*. Echa de menos controlarme». Haz una lista de incidentes abusivos para tocar con los pies en el suelo de nuevo acerca de los abusos y los malos tratos que sufriste (incluso trabaja con un orientador si es necesario). Esto te reconectará con la realidad de la situación en lugar de mecerte en falsas promesas o fantasías. Y convierte en hábito el hecho de tocar con los pies en el suelo cada vez que intente hacerte la aspiradora.

Si, por algún motivo, tienes que responder, minimiza el daño en la medida de lo posible. Por ejemplo, con un compañero de trabajo no vas a poder evitar la interacción, o con una expareja no vas a poder evitar el contacto por la custodia de los hijos en común. En estos casos, aférrate a los hechos y simplifica las cosas. Mantente lo menos reactivo posible en términos emocionales ante sus tácticas. Si tu abusivo padre te manda un mensaje de texto preguntándote si vas a ir a cenar en Nochebuena, hazle saber que no vas a poder hacerlo *sin* entrar en detalles y sin poder sucumbir a sus intentos de chantaje emocional o culpabilización. Si un ex baboso te escribe mensajes cariñosos hablando de su nueva pareja y de lo felices que son, documenta los textos por si necesitas evidencias de sus acosos; bloquea su número de teléfono y sus cuentas en las redes sociales. Recuerda: un «no» no es una negociación ni una invitación para que te persuadan. Si te hacen la aspiradora, no te dejes succionar de vuelta a los abusos. Bloquea, documenta y borra.

REFLEXIÓN PARA EL DIARIO: **No te dejes succionar por el vórtice tóxico**

¿En qué plataformas y redes sociales tienes contacto con una persona tóxica? ¿De qué modo puedes prevenir que acceda a ti y cómo puedes proteger tu privacidad o reducir las posibilidades de que te haga la aspiradora? Por ejemplo, en situaciones relativas a la custodia compartida de hijos, podrías utilizar una aplicación de terceros como OurFamilyWizard, que te permite comunicarte a través de un sistema que documenta las interacciones para el juzgado. En redes sociales, puedes bloquear a la persona tóxica, y también restringir tu configuración para que ninguna información reveladora sea accesible al público. Si te están acechando o acosando, registra estos casos siempre que sea posible, por si alguna vez decides emprender acciones legales.

Avergonzamiento tóxico

Si una persona tóxica puede manipularte, intentará avergonzarte con el fin de infundirte miedo, que sientas la obligación de hacer algo y que te sientas culpable por el hecho de ser una persona independiente con opiniones, preferencias, necesidades y deseos diferentes. El hecho de que te avergüencen de manera continuada reduce tu autoestima, y las investigaciones indican que tanto hombres como mujeres con la autoestima baja intentan ser más complacientes y acceden antes a las peticiones de los demás (Walster, 1965; Gudjonsson y Sigurdsson, 2003). Así pues, cuando una persona tóxica o un narcisista te avergüence y te juzgue por no cumplir con sus deseos, se incrementará la probabilidad de que te esfuerces por satisfacer sus demandas.

El avergonzamiento funciona también porque toca las heridas clave de la infancia, despertando lo que los terapeutas del trauma llaman el «crítico interno» (Walker, 2013). En su libro *Volver a casa*,[6] el psicólogo John Bradshaw distingue entre la vergüenza sana y la vergüenza tó-

---

6. Editado en castellano por Gaia Ediciones, Móstoles, Madrid, 2015.

xica. Mientras que la vergüenza sana nos recuerda las limitaciones que tenemos, «la vergüenza tóxica nos obliga a ser más que humanos (perfectos) o menos que humanos» (1990, 199). Como adultos, nos sentimos culpables cuando una persona tóxica nos avergüenza, aun cuando la acusación carezca de fundamento, y regresamos a las poderosas creencias y emociones de nuestra infancia.

Ben no dejaba de pedirle dinero a su hermano Jared. Y cada vez que éste intentaba ponerle límites, diciéndole que no podía prestarle dinero, Ben lo avergonzaba. «Eres muy tacaño; sólo te gastas el dinero en ti mismo», le comentaba al mismo tiempo que Jared se compraba algo para sí mismo, como un par de zapatos nuevos, aunque sólo una semana antes Jared se hubiera gastado una considerable suma de dinero pagando las facturas de Ben. Las acusaciones de Ben no pretendían otra cosa que manipular a Jared, hacer que se sintiera culpable por ponerle límites cuando no tenían base alguna en la realidad.

Las personas tóxicas recurren a comentarios que causan vergüenza porque pretenden hacernos sentir que *nosotros* somos el problema, cuando en realidad es la propia disfunción de la persona tóxica la que causa problemas al juzgar y criticar en exceso a los demás. Como PAS, interiorizamos esta forma de vergüenza porque sintonizamos profundamente con las emociones de la gente y tenemos muchos escrúpulos en cuanto a lo que podamos hacer sentir a los demás. La vergüenza y los juicios malsanos a los que nos someten otras personas nos afectan muchísimo, sobre todo si hemos crecido en hogares abusivos, donde se nos enseñó que nuestra valía estaba en función de la aprobación de los demás y de la medida en que los complacíamos.

Consejos para evitar la vergüenza

Cuando una persona tóxica te avergüenza, resístete conscientemente interiorizando esa vergüenza. Respira ante el impulso automático que te lleva a absorber la vergüenza como una esponja y, por el contrario, «devuélvele» figurativamente esa vergüenza a la persona que pretende avergonzarte. Repítete las siguientes palabras: «Esto no me pertenece. Esto es tuyo». Resístete al acto compulsivo de intentar ganarte la aprobación de la otra persona o de satisfacer sus necesidades. En cambio, reconoce que quizás estés teniendo un «flashback emocional» (una regresión a las heridas y las emociones de la infancia) y aprovecha la oportunidad para trabajar interiormente con el fin de sanar esas heridas.

Ten compasión por ti mismo cuando sanes estas heridas. La psicóloga clínica Tara Brach (2020) lo expresó de forma magistral con un acrónimo en inglés, RAIN: *recognise*, reconoce lo que está ocurriendo; *allow*, deja que la vida sea tal como es; *investigate*, investiga atentamente; y *nurture*, alimenta, nutre. Puedes ponerte la mano en el corazón o en la mejilla mientras te dices cosas como: «Te quiero. No te merecías lo que ocurrió. Te mereces lo mejor. Siento que tuvieras que pasar por esto. Estoy contigo. Te acepto. Tienes mi aprobación». El hecho de concederte la aprobación, de validarte, de darte afecto, atención y amor construye una barrera saludable entre tú y las tácticas tóxicas avergonzadoras de los demás. Por otra parte, también alivia la carga de cualquier vergüenza autoinfligida que aún puedas estar sufriendo por aquellas viejas heridas. Sustituye la vergüenza por la compasión por ti mismo.

REFLEXIÓN PARA EL DIARIO: **Habla con tu niño o niña interior**
Refleja por escrito tus recuerdos de las primeras veces en que sentiste vergüenza en tu infancia. Si te resulta demasiado doloroso, haz este ejercicio con alguien que pueda orientarte a nivel profesional. Cuando rememores estos episodios, visualízate en tu infancia, con toda tu inocencia e indefensión. Envía amor y compasión a aquella persona pequeña que fuiste. Háblale con amabilidad y hazle saber que estarás a su lado siempre que lo necesite, y que ya no tiene por qué sentir vergüenza. Hazle ver que no merecía el maltrato que padeció, que fue una víctima inocente de las circunstancias.

La proyección

Las personas tóxicas transfieren sus propias deficiencias y problemas a los demás; éste es un mecanismo de defensa que denominamos *proyección*. Del mismo modo que las tácticas de avergonzamiento de una persona tienen más que ver con su propio sentido de la vergüenza que con el tuyo, la proyección es una de las maneras que las personas tóxicas tienen para evadir la responsabilidad de sus propios rasgos y comportamientos negativos, en la medida en que los arrojan sobre los demás. Aunque todo el mundo proyecta hasta cierto punto, la experta clínica en personalidad narcisista Linda Martínez-Lewi afirma que las proyecciones de una persona narcisista suelen ser psicológicamente abusivas. Las personas narcisistas utilizan proyecciones malignas para aterrorizar de manera deliberada a sus víctimas. Martínez-Lewi (2018) escribe lo siguiente: «Con horribles, primitivas y constantes proyecciones de furia volcánica, humillaciones y críticas fulminantes, el narcisista encubierto genera un entorno horrendo, de pesadilla, para su pareja, que apenas sobrevive en un estado de asedio psicológico y emocional».

En el retorcido mundo de la persona narcisista, siempre es el «día de lo contrario». El narcisista califica de idiotas y perezosas a las personas inteligentes que se desenvuelven bien en la vida, y las acusan de estar henchidas de sí mismas (una proyección bastante curiosa, dada la arrogancia y el egocentrismo de la propia persona narcisista). Abusan verbalmente de sus parejas y les dicen que carecen de atractivo cuando son hermosas, y califican de monstruos a aquellas personas que son cariñosas, compasivas y empáticas. Acusan de engaño e infidelidad a personas leales, y te convencen de ser lo opuesto de lo que realmente eres: un amable, hermoso, inteligente y compasivo ser humano. Las proyecciones malignas de una persona narcisista no tienen nada que ver contigo y tienen *todo que ver* con ellas. Escucha con atención: lo que una persona narcisista ve en ti es, en realidad, lo que no consiguen ver de sí mismas en el espejo.

Nathan, el novio sociópata de Priyanka, la acusaba de engañarlo, a pesar de ser él quien mantenía múltiples aventuras amorosas a espaldas de Priyanka. Revisaba con regularidad el teléfono de ella buscando «pistas» que le indicaran que se entendía con otros chicos y se presentaba de improviso en su casa para «pillarla *in fraganti*». La relación entre ambos terminó cuando Priyanka descubrió que Nathan tenía numerosos perfiles de citas *online* y que estaba teniendo sexo sin protección con cinco chicas diferentes.

George tenía un jefe narcisista que lo acusaba una y otra vez de ser poco original y nada creativo. Cuando George compartía sus ideas en las reuniones, su jefe lo criticaba por no ser más innovador, para después robarle las ideas y decir que eran suyas. Con el tiempo se descubrió que este mismo hombre les había robado las ideas a otros muchos empleados para luego atribuírselas como propias.

La compañera de dormitorio de Beth, Chelsea, era una persona tóxica del tipo enloquecedor, pues se enzarzaba siempre en discusiones sobre cosas irrelevantes y solía volver a casa bebida y con ganas de bronca. Cuando Beth le comunicó con educación que ya no podía gestionar el estrés de su convivencia y que quería irse a otro sitio, Chelsea acusó a Beth de ser una «reina del drama».

Consejos para apartar las proyecciones de otra persona sobre ti

Cuando te encuentres con la proyección de una persona tóxica, imagina que eso lo dice acerca de sí misma y rechaza la proyección. Por ejemplo, cuando tu expareja narcisista te diga que eres una mala madre o un mal padre, toma conciencia de que en realidad está hablando de sí misma: él o ella es el mal padre o la mala madre. Cuando una amistad tóxica te juzgue por no tener pareja, sé consciente de que está proyectando la desdicha de su propia relación sobre ti. Tú no tienes por qué aceptar las proyecciones de nadie. Contempla la proyección por lo que es y, de manera figurada, devuélvesela antes de empezar a rumiar sus acusaciones.

Traduce mentalmente lo que la persona narcisista está diciendo, sobre todo si muestra unos celos patológicos hacia ti, pero no le cuentes la traducción que has hecho, pues lo más probable es que dispares su cólera. Esto no es más que un ejercicio para *ti*. Por ejemplo, si la persona narcisista te dice: «¡Siempre exageras! ¡Eres una persona amargada y llena de odio!», recuerda que ella monta en cólera por las cosas más nimias. ¿Quién es *en realidad* la persona que exagera? ¿Quién es *verdaderamente* la persona amargada y llena de odio? También puedes traducir mentalmente lo que un narcisista dice para discernir lo que en realidad quiere decir. Si minimiza tus éxitos, por ejemplo, podrías traducir esto por: «Tengo envidia de lo que has conseguido, y eso es algo que amenaza a mi sentimiento de superioridad sobre ti. Tengo que empequeñecerte para sentirme mejor».

He aquí otras formas concretas para superar la proyección.

Reúne evidencias que cuestionen las proyecciones. Acuérdate de las retroalimentaciones positivas que has recibido de otras personas empáticas. El cerebro tiende a quedarse con lo negativo más que con lo positivo; está acostumbrado a buscar el peligro con el fin de sobrevivir ante las amenazas del entorno. Y nos veremos más afectados por lo negativo debido a que reaccionamos con más intensidad ante la negatividad. Como señala Roy Baumeister y sus colegas de investigación, «las malas emociones, los malos progenitores y las malas retroalimentaciones tienen un mayor impacto que las buenas. [...] Dicho de otro modo, te disgustas más por perder 50 dólares de lo que te alegras por ganar la misma cantidad de dinero» (Baumeister*et al.* 2001, 323-326). Los investigadores Andrew Newberg y Mark Waldman (2013) señalan que hasta la más simple palabra negativa puede incrementar la actividad de la amígdala, el centro del temor y la ansiedad. De ahí que convenga equilibrar el columpio emocional. Probablemente existan más evidencias a tu favor que no estás tomando en consideración porque tu «cerebro de supervivencia» acepta sólo como verdad la negatividad de la persona narcisista. Recuerda y documenta las retroalimentaciones sanas y los hechos que contradicen las proyecciones de un narcisista. *Pero hazlo para ti, no para el narcisista.*

Realiza una lista de logros, cumplidos y hechos que refuten las distorsiones de la persona narcisista. Grábate un audio en el que te recuerdes todas aquellas cosas de las que te sientes orgulloso. Crea un tablón de corcho con fotos donde se recojan los momentos más gozosos de tu vida. Guarda en tu ordenador capturas de pantalla, correos electrónicos y comentarios agradables en las redes sociales, y de todo aquello que pueda servirte como ancla para recordarte quién eres de verdad y de lo que eres capaz. Y remítete a esto una y otra vez si te sientes flaquear. Si saboreamos mentalmente los cumplidos, los logros y las experiencias positivas, rechazamos las acusaciones viles y dogmáticas de los narcisistas. Condiciónate para recordar las retroalimentaciones positivas en lugar de las proyecciones patológicas envidiosas de un narcisista.

Entrena tu mente subconsciente para validarte y canalizar tu dolor hacia el logro. La meditación, las afirmaciones positivas y la hipnosis pueden hacer maravillas a la hora de reevaluar las falsedades destructivas que una persona narcisista te ha enseñado a creer acerca de ti mismo. Las investigaciones demuestran el impacto positivo que estas prácticas tienen sobre la regulación emocional, el combate de la ansiedad y el incremento de la autoestima (Lazar *et al.*, 2011; Cascio *et al.*, 2015; Jiang *et al.*, 2017; Kaiser *et al.*, 2018). Abundaremos más en estas prácticas en el capítulo final de este libro. Puedes utilizar lo que la persona narcisista ha menospreciado en ti como incentivo para reconstruir tu vida, tus metas y tus sueños, y demostrarle así que está equivocada. En cuanto aprendas a validarte y a canalizar el dolor de lo que se te ha hecho en la dirección de tu mayor bien, lograrás superar las proyecciones malignas de un narcisista.

Si *necesitas* responder a la proyección de una persona narcisista en una situación en la que las interacciones son inevitables, hazlo de manera concisa. Di calmadamente algo así como: «Eso en realidad te describe a ti más que a mí», para, a continuación, abandonar la conversación. Tan sólo sé consciente de que es muy improbable que una persona narcisista admita que sus proyecciones hablan más de ellas que de ti. Éste es el motivo por el cual es mejor emplear el tiempo validándote y viendo la proyección por lo que es: como un intento de la persona narcisista por convertirte en el vertedero de todos sus problemas.

REFLEXIÓN PARA EL DIARIO: **La traducción de proyecciones tóxicas**
Escribe una acusación o un insulto que te haya proferido una persona tóxica. Después, anota debajo la traducción, la proyección que el narcisista te está intentando pasar. Luego, toma nota del comportamiento y el cambio de actitud que puedes llevar a cabo como resultado de esta traducción. Por ejemplo:

1. **La persona narcisista me dijo:** «Sólo existes tú en el mundo. ¡Eres muy egoísta!».
2. **La traducción:** «Sólo existo yo en el mundo y soy egoísta. Y no puedo soportar verte tan confiado y poniendo límites porque

me resta control, poder y atención, de modo que voy a hacer que te sientas culpable por ello».

3. **Cambio de comportamiento:** ahora que ya sé que la persona narcisista está intentando que me sienta culpable por poner límites y por confiar en mí mismo, dispongo de un buen incentivo para seguir haciéndolo.

Realiza todas las traducciones que puedas y observa cómo cambia tu perspectiva sobre los insultos y las acusaciones narcisistas, revelándose a un tiempo sus motivos ocultos.

Críticas excesivas, minuciosidad y cambiar la portería de sitio

Una de las formas en que los depredadores manipuladores nos controlan es a través de un *exceso de críticas,* mediante un férreo escrutinio de todo cuanto hacemos. Aquí nos encontramos con la expresión de comentarios hipercríticos acerca de nuestra apariencia, personalidad, estilo de vida, logros, talento, ética laboral, decisiones y mucho más. En la mente del narcisista no existe el juego sucio. Avergonzarnos por ser una persona independiente, con nuestras propias preferencias, opiniones y visiones del mundo es la forma en que los narcisistas nos programan para la autodestrucción. En una entrevista para las noticias del canal de televisión CTV, el psicólogo clínico Simon Sherry señaló que el exceso de críticas es una forma de perfeccionismo narcisista que es «corrosivo» y destructivo para los demás: «Las críticas son incesantes y, si no alcanzas sus elevados estándares, es muy probable que te ataque sin misericordia» (MacDonald y Sherry, 2016).

El exceso de críticas es el arma con la cual los narcisistas cometen asesinatos emocionales sin mancharse las manos. Y, sin embargo, curiosamente, los narcisistas no suelen estar a la altura de los elevados estándares que exigen a los demás. Si aceptamos la programación subconsciente que supone vernos a través de la lente de un narcisista hipercrítico, no vamos a poder desarrollar un sentido estable de la propia valía personal, ni vamos a poder disfrutar de nuestros logros. Esto proporciona a las personas narcisistas el poder de determinar cómo nos vemos e, incluso, la calidad de nuestra autoestima. Por ejemplo, una madre narcisista que nada más hace que meterse con el peso de su hija puede hacer que ésta se autolesione o tenga trastornos de la alimentación en la edad adulta. Las críticas excesivas pueden llevar incluso al desarrollo de ideas suicidas, sobre todo si se tienen que soportar a una temprana edad, durante una fase vulnerable del desarrollo.

Por lo general, las críticas constructivas se dicen con el fin de *ayudarte,* mientras que las críticas destructivas se utilizan para desmantelar tu propia imagen personal. Quizás la mayor diferencia entre las críticas constructivas y las destructivas sea que en estas últimas podemos encontrar ataques personales y estándares imposibles de alcanzar. Las críticas destructivas no buscan tu mejora; pretenden amañar la partida y llevarte al fracaso. Buscan una excusa para desmontarte, derribarte y convertirte en un chivo expiatorio, sea cual sea el precio.

Las personas tóxicas utilizan la táctica de «cambiar la portería de sitio» para asegurarse de tener todos los motivos del mundo para estar insatisfechas contigo de manera permanente, con independencia de lo que hagas o dejes de hacer por ellas. Aunque lo hayas hecho todo por satisfacer sus deseos arbitrarios, aunque hayas aportado todas las evidencias posibles para validar tu punto de vista o hecho cuanto era posible para satisfacer sus demandas, la persona tóxica seguirá generando expectativas de ti, exigiéndote más pruebas o que alcances otra meta. Seguirán cambiando la portería de sitio, aunque el cambio no guarde relación con nada, pues su único objetivo es hacer que te esfuerces más y más para ganarte su aprobación.

Al plantear expectativas cada vez más altas o cambiarlas de manera súbita, las personas tóxicas te van a infundir la sensación de que no vales para nada, de que nunca serás «suficiente». Al volver a sacar a colación un hecho irrelevante o recordarte una y otra vez lo que hiciste mal, las personas narcisistas te llevan a ignorar tus fortalezas y tus éxitos, y hacen que te centres en esos defectos prefabricados. Hacen que te obsesiones con tus debilidades, así como con la siguiente exigencia que te van a plantear, hasta que, al final, termines derrumbándote en el intento por satisfacer sus necesidades, sólo para ser consciente de que nada de cuanto hiciste impidió que siguiera maltratándote.

Consejos para ir más allá de la portería
y llegar a la propia aceptación

El antídoto para los cambios de sitio de la portería es la validación propia, desarrollar un firme sentido de la propia valía y dignidad, sabiendo que no tienes ninguna necesidad de demostrar nada a nadie, y menos a quienes intentan menospreciarte. Si te piden que demuestres tu valía una y otra vez, date cuenta de que esto es una señal de manipulación. No te dejes atrapar por las críticas ni por cambios de portería; si alguien se niega a reconocer el esfuerzo que has hecho para validar tu punto de vista o para satisfacer sus necesidades, recuerda que su motivo no es comprenderte mejor ni proporcionarte retroalimentación para que mejores. Lo que busca es provocarte para situarse por encima de ti. Valídate y concédete la aprobación tú mismo, y dile a la persona tóxica algo parecido a esto: «Ya he satisfecho esa expectativa y no tengo ningún interés en seguir poniéndome a prueba por ti».

He aquí algunas otras cosas que puedes hacer:

- Trabaja con un profesional de la orientación o el asesoramiento para reprogramar tu sistema de creencias negativo.
- Recurre a la hipnoterapia como herramienta suplementaria para infundirte creencias novedosas y más saludables.
- Haz un inventario de todos los cumplidos y palabras amables que te han dedicado a lo largo de la vida, sobre todo los relacionados con las mismas cosas que la persona tóxica critica. Esta lista te permitirá ser consciente del importante apoyo que tienes en personas auténticas y sanas. Te recordará que la persona tóxica tiene un plan oculto cuando te insulta: mantenerte por debajo de ella. Para ir más allá de la portería y aceptarte vas a tener que sobreponerte a todo esto.
- Realiza una lista de afirmaciones positivas que puedas repetirte a diario, afirmaciones que puedan calmar tus dudas e inseguridades. Grábalas en el teléfono o en una grabadora de audio. Escúchalas en voz alta con tu propia voz, o incluso con la voz de una persona querida, como sugiere la escritora de libros de autoayuda Louise Hay. Esto puede ser especialmente útil a la hora de reformular la percepción que tienes de ti y de mitigar la cháchara mental negativa. De

este modo, restarás fuerza al crítico interno que desarrollaste con los comentarios degradantes de la persona narcisista.

Convendrá que sepas que no mereces vivir esa sensación de indignidad o de no ser suficiente de algún modo, ya sea en tu puesto de trabajo o en una relación de pareja. No admitas más cambios de sitio de la portería. Céntrate en tu propia autoestima. Tú eres suficiente ya.

REFLEXIÓN PARA EL DIARIO: **Afirmaciones para contrarrestar las críticas**

Anota algunas afirmaciones que puedas repetirte cada vez que veas que has empezado a rumiar una crítica. Por ejemplo, si te vienen a la mente las críticas de una persona narcisista acerca de tu aspecto físico, puedes construir una afirmación como «Soy hermosa dentro y fuera» para dejar de darle vueltas a la cabeza a esas críticas. De este modo, reprogramarás tu mente con el tiempo y darás más crédito a la afirmación que a las críticas.

Condicionamiento destructivo

Las personas tóxicas responden ante tus fortalezas, talentos y recuerdos felices con abusos, frustraciones y falta de respeto. Utilizan lo que yo llamo «condicionamiento destructivo» para conseguir que asocies los momentos, intereses, pasiones y sueños más felices con su cruel y despiadado castigo. En psicología a esto se le denomina *castigo positivo,* y se define como la introducción de consecuencias aversivas para prevenir la aparición de tus comportamientos orientados a una meta. En la medida en la que se te castiga por tus consecuciones, terminas por desarrollar un patrón de *refuerzo negativo* por el cual evitas tener logros, debido al condicionamiento provocado por los castigos de la persona narcisista. Al igual que ocurría con los perros de Pavlov, se te «entrena» con el tiempo a tener miedo de hacer aquellas cosas que en otros momentos te hacían feliz o te llenaban, mientras se te aísla de tus amigos y tu familia, lo cual te hace emocional y económicamente dependiente de la persona tóxica.

En cuanto termina la fase de luna de miel, la persona tóxica devaluará de manera abierta o encubierta los rasgos y cualidades que en otro tiempo idealizó en ti. Te echará del pedestal al que te subió y te menospreciará, para, por último, arruinar tus fiestas, vacaciones, cumpleaños, aniversarios y cualquier ocasión especial.

Las personas narcisistas nos condicionan de un modo destructivo reprimiendo nuestro entusiasmo y echándonos un jarro de agua fría en aquellos momentos en los que, por lo general, nos regocijaríamos, como en el nacimiento de un hijo o con algún éxito profesional. De este modo interfieren con lo que en las investigaciones sobre relaciones se denomina *capitalización,* que es la expresión de alegría y entusiasmo ante experiencias o consecuciones que potencian el valor percibido de tales experiencias (Reis *et al.,* 2010). Si no podemos compartir con nuestra pareja aquellas noticias que nos entusiasman porque se nos castiga o se nos infravalora en cada ocasión, el disfrute de lo que debería ser una celebración se deshincha como un globo. De hecho, el hecho de retraerse ante cualquier tipo de consecución para volver a poner el foco en la persona narcisista es lo que nos indica la necesidad patológica que tienen estos individuos por ser el centro de atención en todo momento. Pero, para verlo mejor, echemos un vistazo a lo que experimentaron algunos supervivientes de la vida real durante lo que deberían haber sido algunos de los momentos más felices de sus vidas:

Brooke: «Mi padre me ha saboteado todas las celebraciones de mi vida. Mis graduaciones en el instituto, en la universidad, incluso la graduación en la escuela primaria, la fiesta que hicimos cuando me quedé embarazada y la ceremonia de bendición de mi hija».

Amanda: «Todos los días de fiesta, mi madre se inventa alguna excusa para estar enojada con nosotros, para que parezcamos niños terribles que la dejan sola los días de fiesta. No apareció durante mi graduación en el instituto. Me dijo que mi fiesta de celebración del embarazo era una horterada y tuve que rogarle que viniera. Ha montado enormes escenas en todas nuestras bodas, amenazando con largarse en mitad de ellas. La lista no tiene fin. No se nos permite ser felices ni disponer de momentos que sean exclusivamente nuestros».

Megan: «Cuando mi marido y yo nos comprometimos, mi madrastra se compró un anillo con un diamante de dos quilates porque yo estaba entusiasmada con mi anillo de compromiso y la gente me prestaba más atención a mí que a ella. Y una semana después de mencionar que el automóvil de mis sueños sería un Jeep Grand Cherokee verde oscuro, ella se compró uno idéntico».

Rachael: «Mi marido nos arruina todos y cada uno de los días festivos o celebraciones con sus rabietas o comentarios desagradables. ¡Todos y cada uno de ellos! Me dijo una barbaridad el Día de la Madre, me arrojó los regalos de Navidad por abrir por confusión un paquete que era para él, me insultó de todas las formas posibles por no querer bajar por un acantilado hasta una playa una noche sin luna, y así todo».

Las personas narcisistas intentan destruir todo cuanto pueda amenazar el control que tienen sobre la vida de sus víctimas; son celosas patológicas y detestan cualquier cosa que se entrometa entre ellas y la influencia que mantienen sobre sus víctimas. Después de todo, si descubres que existen otras fuentes que te validen, te respeten y te quieran, ¿qué te impediría dejarlas de lado? Para una persona tóxica maligna, un pequeño condicionamiento puede hacerte andar con pies de plomo media vida y que no alcances jamás tus más preciados sueños.

El condicionamiento destructivo nos infunde cierta sensación de indefensión aprendida. Nos lleva a vivir inmersos en el miedo ante la idea de que cualquier cosa que nos vaya bien en la vida pueda hacer que venga nuestra pareja tóxica, nuestra madre o padre, hermano, amigo, compañero de trabajo o jefe tóxico e intente arrebatárnosla. El condicionamiento destructivo nos hace sentir que cualquier cosa que nos proporcione alegría puede ser minimizada, manchada de forma indeleble o nos puede ser arrebatada por un motivo injusto.

Consejos para mitigar el condicionamiento destructivo

Podremos extinguir este tipo de respuestas condicionadas si somos capaces de enfrentarnos al miedo al logro. Para ello, tendremos que insistir una y otra vez en conductas orientadas a una meta sin la presencia del castigo narcisista. Así pues, haz una lista de logros, consecuciones y momentos felices del pasado, o cualquier otra fuente de alegría que una persona narcisista te haya arruinado. Anota también de qué modo te saboteó, cómo te sentiste y qué pasó después. Y, finalmente, haz una lluvia de ideas sobre cómo podrías reconectar con esa fuente de satisfacción de forma independiente de la persona narcisista. He aquí algunos ejemplos:

- Si tu amigo narcisista siempre ha criticado la carrera profesional de tus sueños, piensa de qué maneras puede ir en pos de tu meta de todos modos.
- Si tu madre o padre tóxico te ha arruinado varias celebraciones de cumpleaños, establece el hábito de invitar sólo a amigos y familiares que realmente te apoyen en ese día tan especial.
- No le cuentes a una persona narcisista los acontecimientos dichosos que tienes en perspectiva ni le hables de tus éxitos recientes.
- Respeta tus logros con frecuencia organizando reuniones y ceremonias especiales en las que no esté la persona tóxica.

Reacondiciónate de tal modo que asocies un sano sentido de orgullo y satisfacción con las pasiones, aficiones, intereses, aspiraciones y consecuciones que la persona narcisista menosprecia en ti. Mereces sentir toda la gama de alegrías y satisfacción por lo que has conseguido. No dejes que una envidia patológica te arrebate lo que es tuyo por derecho propio.

REFLEXIÓN PARA EL DIARIO: **Honra tus logros**
Escribe a continuación tres cosas de las que te sientas orgulloso. Podría estar bien que anotaras tres de estas cosas en cada una de las siguientes áreas:

- Profesión y estudios.
- Vida social.
- Desarrollo personal.
- Crianza/otras responsabilidades de relación.
- Estado físico/salud.
- Salud mental.

Junto a cada anotación, haz una lista de las maneras en que has celebrado esa consecución y formula al menos una idea sobre cómo celebrarla ahora y cómo recompensarte.

Las campañas de difamación

Los depredadores encubiertos difunden falsedades para difamarte y restarte credibilidad ante los demás. Una *campaña de difamación* es un ataque preventivo de sabotaje que busca destruir la red de apoyos sobre la cual podrías sustentarte en caso de que decidieras alejarte y cortar lazos con la persona tóxica. Ésta puede chismorrear sobre ti a tus espaldas, calumniarte ante sus seres queridos o los tuyas, inventarse historias en las que queda como víctima de tus abusos y acusarte a ti de los mismos comportamientos de los que teme que *tú* le acuses ante los demás. Contará descaradas mentiras y rumores, y fingirá que tiene dudas y que está preocupada por tu carácter o incluso tu cordura, recurriendo incluso a la elaboración de falsas evidencias. Además, te provocará de forma metódica, encubierta y deliberada para utilizar tus reacciones emocionales ante el abuso como prueba de tu inestabilidad.

Se trata de una forma de luz de gas diseñada para gestionar tu imagen ante la mirada pública con el fin de asegurarse de que nadie pueda creer que está abusando de ti. Cuando los tipos tóxicos no pueden controlar la forma en que tú te ves a ti mismo, comienzan a controlar la manera en que los demás te ven, interpretando el papel de mártir y de víctima para que la gente piense que eres una persona tóxica. Los abusadores se esfuerzan mucho para que los demás te vean como un abusador; todo ello con el fin de no hacerse responsables de sus acciones. Incluso pueden acecharte y acosarte a ti o a personas que tú conoces para, supuestamente, «exponer» la verdad acerca de ti. Tal «exposición» les sirve para ocultar sus propios comportamientos abusivos mientras los proyectan sobre ti. Hay campañas de difamación que pueden enfrentar a dos personas o dos colectivos. La víctima de una relación abusiva no suele ser consciente de lo que se está diciendo de ella a sus espaldas durante la relación, pero termina descubriendo las falsedades con el transcurso del tiempo.

Se pueden dar campañas de difamación en las relaciones amorosas, en el trabajo, en círculos de amigos, a través de los medios de comunicación y en familias extendidas, y no es extraño que un compañero de trabajo sociópata y con una envidia patológica difunda calumnias entre sus jefes acerca de sus colegas, más trabajadores que él, con el fin de apartarlos, al verlos como una «amenaza» para sus aspiraciones en la empresa. Cuando un narcisista se infiltra en rangos superiores de poder y autoridad, puede llegar a causar mucha más devastación al sabotear a aquellas personas que percibe como competencia. Como dice Joe Navarro, antiguo elaborador de perfiles del FBI, en su libro *Dangerous Personalities* (*Personalidades peligrosas*), «el narcisismo puede alcanzar altos niveles en profesiones de poder o de elevada confianza, donde las transgresiones y los abusos de autoridad pueden tener consecuencias devastadoras» (2017, 41). Cuanta más autoridad posee una persona, más devastadora puede ser una campaña de difamación lanzada contra una de sus víctimas. Las campañas de difamación pueden causar daños duraderos.

Consejos para enfrentarse a una campaña de difamación

Si te estás enfrentando a una campaña de difamación o desprestigio, no dejes de aferrarte a la verdad y deja que tu integridad y tu carácter hablen por sí solos. Presenta *exclusivamente los hechos* si te enfrentas a acusaciones injustificadas. La mejor «revancha» es vivir tu propia vida, reconstruyendo tus redes sociales con gente digna de confianza y avanzando hacia el éxito. Despréndete de las personas que optan por apoyar al narcisista; algún día averiguarán en sus propias carnes lo equivocadas que estaban. No es asunto tuyo convencerlas de nada. Tómalo como una bendición que te permite saber ahora quiénes son tus verdaderos amigos.

Por difícil que resulte, intenta no responder emotivamente en público, pues un narcisista utilizará tus reacciones emocionales contra ti para convencer a los demás de tu «locura». Céntrate en cualquier consecuencia legal que puedas tomar contra una campaña de difamación y, si necesitas construir una causa, documenta de un modo cuidado las evidencias de abuso siempre que sea posible. Investiga las leyes existentes en tu país sobre difamación y, si es necesario, busca la ayuda de un abogado que esté familiarizado con personalidades altamente conflictivas.

Crea una red de apoyo sana que te anime durante los momentos difíciles; idealmente, deberá ser una red en la que alguien domine la terapia de traumas, que comprenda los trastornos de personalidad y conozca a otros supervivientes que hayan pasado por lo que tú estás pasando. Esta red de apoyo debería estar compuesta por personas auténticas y dignas de confianza que te den su respaldo, *no* personas que puedan dar apoyo en un momento dado a la persona tóxica. Lo último que necesitas es que te sometan a más luz de gas, que te invaliden o te vuelvan a traumatizar cuando estás enfrentándote a una campaña de difamación.

Algunos lectores me han preguntado: «¿Vale la pena denunciar públicamente a la persona narcisista?». Por lo general, intentar derribar a un psicópata sin ayuda de nadie puede ser peligroso, y yo recomiendo *encarecidamente* que pongas tu seguridad por encima de todo lo demás, y que consultes con un abogado y un profesional de la salud mental para discutir en profundidad tu caso individual. La exposición pública de alguien puede tener consecuencias potenciales, y las personas tóxicas malignas es probable que tomen represalias acusándote *a ti* de difamación, aunque todo lo que digas sea cierto. No olvides que estos tipos no carecen de encanto personal y pueden tener un amplio respaldo social.

Aunque las personas tóxicas estándar temen ser expuestas públicamente y de manera inevitable retrocederán ante las consecuencias potenciales, los individuos psicopáticos son muy crueles, y algunos podrían incluso aniquilar a cualquiera que intentara dejarles al descubierto. La verdadera naturaleza de los depredadores se revela con el tiempo, cuando se vuelven en contra de las mismas personas que los habilitaron, de modo que no vale la pena perder energía exponiendo al depredador, *a menos* que dispongas de la prueba, de la sensación de seguridad y del incentivo para hacerlo. Pero, primero, cerciórate de haber sopesado los pros y los contras que puede suponer dar ese paso.

Hay personas para quienes el riesgo de represalias y el peligro personal exceden con mucho la necesidad de denunciar públicamente al depredador, mientras que otras sienten que tal paso puede ayudar a impedir que otras personas sean presa de ese individuo, o puede propiciar la creación de un grupo de víctimas del mismo sujeto. Todo dependerá de tus circunstancias específicas, pero, en cualquier caso, tu seguridad personal debe estar siempre en primer lugar. Por encima de todo, céntrate en rehabilitar tu propio nombre, sanar, obtener apoyo social y satisfacer tus metas personales.

REFLEXIÓN PARA EL DIARIO: **¿Amigo o enemigo?**
Reflexiona sobre tu actual red de apoyo. ¿Quiénes están en ella? Intenta determinar quiénes se distanciarían de ti o te abandonarían durante una campaña de difamación y quiénes permanecerían a tu lado, es decir, quiénes serían tus verdaderos amigos. Si toda tu red de apoyo está obsoleta por algún motivo, intenta identificar recursos potenciales para construir una nueva red. Investiga acerca de grupos de apoyo presenciales, oportunidades de redes sociales (como las de Meetup.com), asesores y centros de violencia de género en tu región.

La triangulación

Se le da el nombre de *triangulación* a la introducción de la opinión, la perspectiva o la presencia de una tercera persona en la dinámica de una interacción o relación. Se suele utilizar para validar los abusos de la persona tóxica mientras se invalidan las reacciones de la víctima ante esos abusos. La triangulación puede tener lugar en diversos contextos, y se utiliza con el fin de sabotear a la víctima y someterla a acoso.

- Puede darse bajo la forma de un triángulo amoroso que te sume en la inestabilidad y la inseguridad.
- Los progenitores narcisistas triangulan enfrentando a dos hermanos entre sí mediante comparaciones injustificadas que fomenten la rivalidad entre los hermanos.
- El sociópata líder de un grupo social puede enfrentar a los amigos entre sí difundiendo que unos chismorrean de otros a sus espaldas

cuando, en realidad, es él quien controla a todos los miembros del grupo difundiendo información falsa.

- En el trabajo, las personas tóxicas pueden triangular difundiendo bulos acerca de un compañero de trabajo ante su jefe para impedir un bien merecido ascenso.

La triangulación en las relaciones amorosas se utiliza no sólo para mantener el control, sino también para provocar celos. A los tipos malignos les encanta triangular con extraños, compañeros de trabajo, exparejas, amigos e incluso miembros de la familia para hacer que te sientas insegura. También utilizan las opiniones de los demás para validar su punto de vista y hacerte luz de gas respecto al abuso que estás sufriendo.

La personalidad narcisista emplea la triangulación y la creación de un harén para dar la impresión de ser una persona muy solicitada y con muchas opciones, cosa que puede ser real o no. En su libro *El arte de la seducción*,[7] Robert Greene anima a quienes buscan seducir a crear «triángulos» con amigos, examantes y actuales pretendientes para fomentar las rivalidades e incrementar su valoración. De este modo se genera una competición en la cual se fija el objetivo de «ganar» la atención y el afecto de esa persona «altamente deseable». Como escribe Greene, «pocas personas se sentirán atraídas por alguien a quien los demás evitan y olvidan; la gente se congrega alrededor de aquellas personas que atraen ya el interés de los demás. Para atraer a tus víctimas y hacer que sientan hambre por poseerte, tienes que crearte un aura de deseabilidad, de ser codiciado y cortejado por muchos» (2004, 195).

Los narcisistas construyen triángulos amorosos hablando una y otra vez de sus ex, de las personas con las que han tenido citas o de personas que están aparentemente «obsesionadas» con ellos (claro está que más tarde te enteras de que esas mismas personas son aquellas a las que el narcisista aterrorizaba antes). Una excesiva triangulación puede ser una advertencia temprana y el anticipo de una futura manipulación. Por ejemplo, si descubres que, en tu primera cita con alguien, la otra per-

---

7. Publicado en castellano por Espasa, 2011.

sona habla largo y tendido de sus parejas anteriores, de aquellas personas a las que encuentran atractivas o de aquellas otras que la encuentran atractiva a ella, *o bien* flirtean en exceso con otras personas a su alrededor, considera esto como una advertencia de peligro y como una muestra descarada de falta de respeto.

La triangulación es una táctica de diversión que pretende alejar tu atención del comportamiento abusivo para llevarla hacia la falsa imagen de deseabilidad del abusador, mientras que el harén es la prueba social del carácter del narcisista. La lógica subyacente aquí es que, si eres tú la única persona que tiene un «problema» con el abusador, entonces es que el problema lo tienes *tú*. Eso, al menos, es lo que puedes llegar a concluir cuando, en realidad, lo único que significa esto es que la gente coincide en pasar por alto el hecho de que el emperador está desnudo.

Los manipuladores emplean la triangulación para conseguir muchas cosas, ya sean campañas de difamación, luz de gas o suministros narcisistas, y hacen que te preguntes: «Si Danica está de acuerdo con Justin en lo «loca» que estás, ¿no significa eso que debes estar equivocada?». La verdad es que a los narcisistas les encanta transmitir chismes y mentiras de lo que se supone que otras personas dicen de ti cuando, de hecho, son *ellos* los que difunden esas falsedades.

Consejos para cuadrarse ante una triangulación

Para contrarrestar las tácticas de triangulación, sé consciente de que cualquier persona con la que el narcisista esté triangulando está siendo triangulada a su vez por *tu propia* relación con el narcisista. En resumen, el narcisista está jugando con todo el mundo, por lo que no hay necesidad de competir ni de esforzarse por conseguir la aprobación ni la plena atención de éste. Invierte la triangulación del narcisista obteniendo el apoyo de una tercera persona que no esté bajo su influencia, así como buscando tu propia validación y trabajando en tu autoestima.

El amor propio y el desarrollo de tu sentido de ser irreemplazable pueden protegerte en gran medida de comparaciones innecesarias y de chácharas mentales negativas. Valora lo que tienes de singular y adorable. ¿Qué es lo primero que percibiría en ti otra persona? Aprende a verte bajo una mirada nueva y a través de los ojos de quienes te adoran y valoran tus puntos fuertes. Minimiza el hecho de compararte con nadie.

Rompe el triángulo alejándote por completo de la ecuación. Una pareja saludable se esforzará para que te sientas querido y seguro; una pareja malsana elaborará y alimentará inseguridades y te convertirá en parte de su harén. Nunca tendrás que competir por una pareja que realmente es digna de ti. Sal por completo de la competición, evita comparaciones y honra el hecho de que eres irreemplazable.

REFLEXIÓN PARA EL DIARIO: **Únicamente tú**

Anota diez cualidades o activos «irreemplazables» que posees y que forman parte de tu singularidad. ¿Qué vería de especial en ti y en tu vida alguien que acabara de conocerte? Intenta contemplarte a través de los ojos estimativos de alguien que te viera por vez primera.

Defensa preventiva y mentira patológica

Los lobos con piel de cordero destacan *resaltando sus virtudes,* declarando públicamente sentimientos que arrojen una buena luz sobre ellos y llevando a los demás a creer en su moralidad y su buen carácter. Cuando alguien dice que «es un buen chico» o «es una buena persona», está diciendo que deberías confiar en él o ella directamente; o, si resalta su credibilidad sin que tú se lo pidas, considéralo una señal de que deberás prestar mucha atención a su carácter. Según un famoso experto internacional en seguridad, Gavin de Becker, autor de *El valor del miedo* (2010),[8] se trata de una variante de lo que se conoce como «promesa no solicitada», algo que los depredadores utilizarán para bajar tus defensas con el fin de hacer presa sobre ti.

Las personas abusivas exageran sus capacidades de amabilidad, lealtad, sinceridad y empatía. Afirman «yo nunca te mentiría», pero no sin

---

8. Publicado en castellano por Editorial Urano, 1998.

construir primero un sólido fundamento para la confianza. Este tipo de defensa preventiva está diseñado para protegerse de las eventuales e inevitables sospechas que van a generar por el camino. Pueden «interpretar» para ti un alto nivel de simpatía y empatía al comienzo de vuestra relación con el fin de embaucarte para, posteriormente, quitarse la falsa máscara y mostrar sus crueles intenciones. Cuando ves deslizarse la máscara con regularidad durante la fase de devaluación del ciclo de abusos, es cuando te percatas de lo calculador y despectivo que es su verdadero yo.

La gente buena y sincera rara vez alardea de sus cualidades positivas; exuda su cariño y su constancia en vez de hablar de ello, pues sabe que, con el transcurso del tiempo, sus actos hablarán más que sus palabras. Sabe que el respeto y la confianza se hallan en una calle de dos sentidos que precisa reciprocidad, no repetición.

Las personas narcisistas, sociópatas y psicópatas son mentirosas patológicas por naturaleza. Como sostiene el doctor George Simon, «los narcisistas malignos manipuladores mienten para mantenerse un paso por delante de ti… No quieren que sepas quiénes son en realidad ni lo que están haciendo. Lo único que buscan es poder, dominación y control. Y mentir se lo permite. Les concede una posición de ventaja» (2018).

Las mentiras pueden ser explícitas o se pueden desplegar con un buen número de omisiones. Como me decía Donna, una superviviente de abusos narcisistas, «la forma más ladina en que abusó de mí un narcisista encubierto fue por ofuscación. Nunca contaba todos los hechos, de manera que nunca decía una mentira completa, sino que me dejaba con la sensación de *en esta historia falta algo*». Engaños patológicos como éste son habituales entre líderes sociópatas en el mundo empresarial. Por ejemplo, la directora ejecutiva Elizabeth Holmes defraudó a sus inversores por miles de millones de dólares con su *startup* de análisis de sangre Theranos, con una supuesta tecnología que no cumplía nada de lo que prometía. Sirviéndose de su carisma, Holmes estableció relaciones con algunas de las personas más ricas e influyentes del mundo, llevando a algunos inversores a depositar millones de dólares en una empresa que ponía en riesgo la salud de sus clientes. Se ha dicho incluso que falseaba su voz para parecer más dominante. Sus prolíficas mentiras, junto con la fortaleza de su falsa personalidad, le permitieron mantener el fraude durante bastante tiempo.

Las personas narcisistas montan estas elaboradas mentiras no sólo para hacer fraudes financieros, sino también por amor al arte de la estafa emocional. Es muy habitual en ellas llevar una doble vida y ocultar sus múltiples intenciones.

Consejos para tratar con la defensa preventiva y la mentira patológica

Ten cuidado con las defensas preventivas. Si alguien afirma al principio de la relación que nunca te mentiría, pregúntate por qué esa persona siente la necesidad de decir esas palabras. En lugar de tomar por ciertas sus afirmaciones, examina *por qué* una persona puede tener necesidad de resaltar sus cualidades buenas. ¿Es porque piensa que no confías en ella o porque sabe que no deberías hacerlo? Confía en los patrones conductuales más que en las palabras vacías y fíjate en cómo los actos de una persona, y no lo que dice que es, transmiten quién es en realidad.

No confíes ciegamente en nadie a menos que te haya demostrado la consistencia de su carácter con el transcurso del tiempo. Mantén la neutralidad al comienzo de cualquier tipo de relación, ya sea una relación de pareja o una aventura comercial. Esto te ayudará a ser consciente de las incoherencias y de las señales de advertencia. Ten cuidado con cualquier persona que te dosifique la verdad «por goteo», ofreciéndote sólo una parte de la verdad al tiempo que omite detalles importantes. Y, si eres en especial vulnerable a la luz de gas, te recomiendo que lleves un diario para rastrear cualquier información que no cuadre cuando inicias una relación con una nueva pareja, amigo o jefe en el trabajo. Así, te sustentarás en tus instintos y en tu guía interior.

Mantén un registro, aunque tenga que ser un registro secreto, de todas las mentiras que sospechas que te hayan podido decir y de las evidencias que hayas descubierto cuestionando su veracidad. Por otra parte, cuando te enfrentes a alguien de quien sospeches que es un mentiroso patológico, deja que cuente primero su versión para después someterle a algunas preguntas, a fin de constatar si te está diciendo o no la verdad y qué mentiras te puede haber dicho.

Recuerda, los lobos con piel de cordero muestran su verdadero aspecto con más facilidad cuando creen que no están siendo observados. Si son violentos o agresivos, no les digas que dispones de información contradictoria que podría dejarlos al descubierto. Más bien toma distancias, establece un plan de seguridad y corta lazos lo antes posible. Si adoptas una posición de observador, en vez de acusarlos automáticamente, obtendrás más información acerca de su carácter a largo plazo, sobre todo si están dispuestos a ser transparentes, aunque no sepan que tienes pruebas de sus mentiras. No es tu responsabilidad cubrir el abismo existente entre la realidad de estas personas y el retrato que hacen de sí mismas.

REFLEXIÓN PARA EL DIARIO: **Palabras, actos y patrones**

De lo que se trata es de observar las palabras, los actos y los patrones de la persona tóxica. En primer lugar, plasma por escrito alguna promesa que te haya hecho. Después, haz una relación de todos los actos, los hechos, los comportamientos de esta persona que contradigan su promesa y, a continuación, toma nota de los patrones generales que hayas podido observar en su manera de actuar que parezcan contradecir tal promesa. Si lo deseas, también puedes añadir una conclusión, como se puede ver en este ejemplo:

Palabras: *Él dijo que nunca me mentiría.*
Actos: *Tenía una novia secreta.*
Patrones: *La historia de un mentiroso patológico, que utiliza su encanto y el engaño para ocultar su deslealtad.*
Conclusión: *Es un mentiroso patológico que, de forma preventiva, intenta convencerme de que es digno de confianza. No se puede confiar en él y no lo quiero en mi vida.*

Discusiones absurdas y conversaciones de distracción

Los narcisistas malignos utilizan las conversaciones de distracción como herramienta para desequilibrarte y hacer que enloquezcas. Las hay de varios tipos:

Ataques *ad hominem* y asesinato de carácter. Cuando una persona narcisista es incapaz de rebatir tus argumentos o tu punto de vista, lo que hace es cuestionar tu carácter. Los narcisistas emplean el razonamiento circular, los insultos, las proyecciones y la luz de gas para desorientarte y sacarte de rumbo si te muestras en desacuerdo con ellos o los cuestionas de algún modo. Esto lo hacen para desacreditarte, confundirte y frustrarte, para desviarte del problema y avergonzarte por el mero hecho de tener pensamientos y sentimientos diferentes.

Si alguna vez te has pasado diez minutos discutiendo con un narcisista tóxico, probablemente habrás terminado preguntándote cómo empezó la discusión. Tú simplemente mostraste tu desacuerdo acerca de alguna insensatez, como que el cielo es rojo, y ahora el narcisista está lanzando sus ataques sobre tu infancia, tu familia, tus amigos, tu moralidad, tu carrera profesional y el estilo de vida que has decidido seguir. Y esto sucede porque tu desacuerdo le trastocó su falsa creencia de ser omnipotente y omnisciente, y se sintió amenazado en su superinflado sentido del ego y en su grandioso sentimiento de superioridad. En lugar de reflexionar sobre tu comentario, lanza un ataque sobre tu propia identidad personal.

Cómo enfrentarse a los ataques *ad hominem:* la mejor respuesta es, claro está, no responder. Pero si, por cualquier motivo, tienes que responder a los ataques de un narcisista, no cedas a su maniobra de distracción. Insiste en los hechos y hazle saber que su ataque personal no es relevante. Y, si es posible, da por zanjada la conversación en ese punto. Tu papel no es educar en decencia a alguien que ya es adulto. Y no olvides que una persona tóxica en realidad nunca discute contigo. Las personas tóxicas discuten consigo mismas y tú les sirves de público en sus prolongados, absortos y agotadores monólogos. Las personas tóxicas medran en el drama y viven para el caos que elaboran. Con cada intento tuyo por responder a sus absurdos alegatos no estarás haciendo otra cosa que alimentar su narcisismo. Por tanto, no le des de comer; más bien, convéncete de que el problema es su comportamiento abusivo y no tú. Corta la interacción rápidamente, en cuanto te percates de que va a haber una escalada, y emplea tu energía en cuidarte y protegerte.

Los insultos. Como sabemos, los narcisistas exageran cualquier cosa que puedan percibir como una amenaza a su superioridad. En su mundo, sólo ellos pueden tener razón, y cualquiera que se atreva a decir otra cosa es tomado por un agresor capaz de despertar la furia narcisista, la cual, como sostiene Mark Goulston, no es el resultado de una baja autoestima, sino de la idea de sentirse con derecho a todo y de un erróneo sentimiento de superioridad. Goulston escribe: «En el infierno no encontrarás tanta furia ni tanto desprecio como los que hallarás en un narcisista con el que te atrevas a disentir, a decirle que está equivocado o al que oses avergonzar. Existe un dicho que afirma que, si eres un martillo, todo el mundo te parecerá un clavo. Pues bien, si eres un narcisista, te parecerá que todo el mundo tiene que aceptarte, adorarte, darte la razón y obedecerte. Todo lo que no sea eso lo considerarás un ataque y te sentirás justificado para reaccionar con cólera» (2012).

En el peor de los casos, el narcisista recurre al insulto cuando ya no se le ocurre otra manera de manipular tu opinión o microgestionar tus emociones. Las personas narcisistas creen tener derecho a rebajarte y degradarte etiquetándote de las más destructivas maneras. Insultar es una forma fácil y rápida de degradar tu inteligencia, tu apariencia o tu conducta, al tiempo que te niega el derecho a ser una persona distinta, con tus propios puntos de vista.

También te pueden insultar para criticar tus creencias, ideas y opiniones. La sabiduría que has obtenido a través de tus experiencias vitales, tu perspectiva fundamentada en el estudio o tu opinión bien formada y contrastada pueden recibir el apelativo de «idiotez» o «imbecilidad» por parte de una persona narcisista que se sienta amenazada por ello y que no acierte a encontrar una forma convincente y respetuosa de refutarlo. Las personas narcisistas insultan tu inteligencia para ocultar su propia ineptitud. En vez de situar el blanco en tu argumento, lo sitúan en ti como persona, e intentan minar tu credibilidad e inteligencia del modo que sea.

Cómo gestionar los insultos: es importante que des por terminada cualquier interacción basada en insultos y que transmitas la idea de que no vas a tolerarlo, pues la situación no puede hacer otra cosa que empeorar a partir de ahí. No lo interiorices; más bien, sé consciente de que esa persona está recurriendo a los insultos porque carece de métodos más elevados. Puedes seguir los siguientes pasos:

- Si sientes que los insultos te generan mucha angustia, intenta calmarte haciendo respiración consciente y céntrate en cuál es la mejor manera de defenderte en tus circunstancias concretas.
- Si los insultos aparecen en una discusión con algún miembro de tu familia o con tu pareja, di con toda firmeza: «No voy a tolerar una falta de respeto como ésa», y sal de la conversación por el momento de forma segura.
- Si los insultos los profiere una expareja como una forma de acoso, intenta documentarlo por si en algún momento decides emprender una acción legal.
- Si ocurre en un entorno laboral, analiza si puedes o no informar del incidente a un superior.
- Si tiene lugar en las redes sociales, informa del incidente a la plataforma donde haya tenido lugar el insulto y bloquea a la persona. Guarda capturas de pantalla de todo cuanto suceda en caso de que la persona prosiga con su ciberacoso.

Generalizaciones excesivas. Con el fin de no enfrentarse a los problemas reales a los que se enfrentan, las personas narcisistas hacen generalizaciones excesivas toda vez que te atreves a denunciar su maltrato. Entre ellas están las exageraciones acerca de tu hipersensibilidad o afirmaciones absolutas tales como «Tú *nunca* estás satisfecha» o «*Siempre* exageras». Esta táctica puede ser especialmente poderosa cuando se utiliza con una PAS, porque es una luz de gas que nos lleva a pensar que quizás el problema sea nuestra alta sensibilidad, en lugar de sus abusos. Y, aunque es posible que *seas* hipersensible en ocasiones, es mucho más probable que el abusador sea cruel e insensible la mayor parte del tiempo.

Cómo tratar las generalizaciones excesivas: las personas tóxicas que lanzan afirmaciones tamaño sábana no reflejan ni la riqueza ni los matices de la realidad. Reflejan una perspectiva distorsionada, basada en los planes ocultos de sus mentes absortas. Aférrate a tu verdad y resiste las generalizaciones siendo consciente de que éstas son, de hecho, formas de pensamiento ilógico y radical, en blanco y negro, sin grises. Otra cosa que puedes hacer es señalar lo siguiente: «Estás generalizando. Ha habido muchas ocasiones en las que eso no es cierto», dependiendo de lo receptiva que creas que está la otra persona. Sin embargo, cuanto más tóxica sea, más probable será que terminéis empantanándoos en una discusión absurda dirigida a desequilibrarte. Y el objetivo no es terminar atrapado en una discusión así, sino aferrarte al argumento original que estás intentando transmitir y abandonar la conversación si la persona narcisista recurre a los ataques personales.

Tergiversar tu punto de vista hasta llevarlo al absurdo. Si te atreves a disentir de un narcisista, tus opiniones diferentes, tus emociones legítimas y tus experiencias vitales se traducirán en defectos de carácter y «pruebas» de tu irracionalidad e incapacidad para pensar de forma crítica. Se trata de una distorsión cognitiva habitual conocida como «leer la mente». Las personas tóxicas afirmarán que saben lo que estás pensando y sintiendo, y obtendrán conclusiones una y otra vez tomando como base sus disparadores, en vez de evaluar la situación conscientemente. Tales tergiversaciones pueden proceder de sus propios engaños y falacias, pero también de la necesidad de desestabilizarte y restarle valor a tu punto de vista.

Un narcisista te va a explicar un relato fantástico con el fin de distorsionar lo que tú estás diciendo realmente, de tal modo que tus opiniones parezcan absurdas o rechazables. En vez de reconocer tus emociones, la persona narcisista se distancia de tus experiencias mediante acusaciones estrafalarias de cosas que nunca hiciste. Por ejemplo, quizás te disguste la forma en que tu tóxica pareja te habla y optes por decírselo, y, como respuesta, ésta lance una acusación diciendo cosas que tú no has dicho, como «¡Ah, entonces *tú eres* perfecta!», o bien «Entonces es que soy una persona malvada, ¿no?», cuando tú lo único que has hecho ha sido expresar tus sentimientos. O bien puede atacar tu carácter diciendo: «Entonces, lo que estás diciendo es que yo no puedo opinar. ¡Eres un controlador!». De este modo, invalida tu derecho a tener tus propios pensamientos y sentimientos respecto a sus inadecuados comportamientos, intentando hacerte sentir culpable por establecer límites.

Cómo responder a las tergiversaciones: establece un límite firme insistiendo una y otra vez en «Yo no dije eso. No digas cosas que yo no he dicho». Y, a continuación, abandona la conversación si la persona tóxica sigue acusándote de decir o hacer algo que no has dicho o hecho. No permitas que la persona tóxica intente hacerte sentir culpable y que desvíe la conversación de su propio comportamiento abusivo, o que simplemente te culpe por darle un poco de retroalimentación realista. Si estás discutiendo con alguien de quien no te puedes alejar en ese momento (como puede ocurrir en el puesto de trabajo), convendrá que repitas de manera escueta los hechos de lo que hiciste o dijiste y, a continuación, corta la conversación.

Cambiar de tema para no asumir responsabilidades. Esta táctica es lo que yo denomino síndrome del «¿Y qué hay de *ti*?». Supone desviarse del tema que se está tratando para dirigir la atención a un problema completamente distinto. Las personas narcisistas no quieren que las responsabilicen de nada, de modo que redirigirán las conversaciones para eludir las consecuencias. ¿Que te quejas de que no está asumiendo sus responsabilidades como padre o madre? Él o ella sacará a colación un error de crianza tuyo de hace diez años. ¿Que le dices que sus mentiras son inaceptables? Te hablará de una vez de que dijiste una mentirijilla para no ir a una reunión familiar. Estas tácticas de distracción no tienen límites en cuanto a tiempo o tema, y suelen comenzar con una frase como: «¿Y qué pasa con aquella vez en que *tú* hiciste esto?».

Cómo evitar estas distracciones: no dejes que te lleven a otro tema. Si una persona tóxica intenta darte gato por liebre, utiliza el método del disco rayado del que hablábamos antes, repitiendo los hechos sin ceder a sus intentos de desviar la conversación. Redirige *su* atención diciendo: «Yo no estoy hablando de eso. Centrémonos en el problema que tenemos entre manos ahora».

Lanzar la piedra y esconder la mano. Los individuos tóxicos te atraen con una falsa sensación de seguridad para poder mostrar después su crueldad de una manera aún más atroz. Comentarios provocativos, «bromas» dolorosas, insultos, acusaciones hirientes y generalizaciones sin fundamento son formas bastante comunes de lanzarte el cebo. Una pareja tóxica puede hacer de pronto un comentario sobre lo atractivo que es un compañero de trabajo o puede bromear de manera desagradable diciendo que quiere tener una aventura amorosa. Esto es un cebo para ver cómo reaccionas, una provocación para llevarte a una discusión caótica e insensata que puede terminar en un corrosivo enfrentamiento, si en el otro lado no hay empatía o remordimiento ante sus propios comportamientos insensibles.

Un simple desacuerdo puede, en un principio, llevarte a responder con educación, hasta que queda claro que la otra persona pretende derribarte. Una humillación encubierta disfrazada de «es sólo una broma» se te puede introducir bajo la piel sin que tengas la posibilidad de hacer responsable al agresor. Estas puñaladas agresivas disfrazadas de *sparring* juguetón permiten a los abusadores verbales decir las cosas más horribles, al tiempo que fingen una apariencia inocente y tranquila. Y, sin embargo, si te sientes ofendido por un comentario duro e insensible, por lo general se te acusará de carecer de sentido del humor. Después de todo, es una broma, ¿no? Pues no. Es una forma de hacer luz de gas para que pienses que su abuso es una broma, una forma de desviar la atención desde su crueldad hasta tu supuesta sensibilidad.

Provocándote con un comentario insultante disfrazado de inicuo, el narcisista puede comenzar a jugar con tus emociones. No olvides que este tipo de depredadores son muy conscientes de tus vulnerabilidades, tus inseguridades, las inquietantes frases hechas que trastocan tu confianza y de aquellos temas perturbadores que te reabren viejas heridas, y que ellos utilizan de manera tortuosa para provocarte. Y una vez te hayas tragado el anzuelo, el sedal y el plomo, se sentarán con tranquilidad y te preguntarán de manera inocente si estás «bien», añadiendo que no «pretendían» agitarte. Esta falsa inocencia te va a pillar desprevenido y te va a hacer creer que en realidad no pretendían hacerte daño, hasta que ocurra con tanta frecuencia que no podrás negar la realidad de su deliberada crueldad.

Cómo resistir las provocaciones: toma nota de en qué ocasiones te altera un comentario subido de tono, una sugerencia disfrazada de «interpretar el papel de abogado del diablo» o una supuesta broma. Por lo general existe un motivo. Esto te permitirá ser consciente de *en qué momento* se te está provocando para que puedas eludir la provocación. Tus instintos y corazonadas te pueden decir también en qué momento se te está provocando, y, si sigues sintiéndote menospreciado después de la aclaración, será la señal de que necesitas cierto espacio para reevaluar la situación antes de responder.

No todo el mundo que muestre su desacuerdo contigo lo hará de una manera respetuosa, por lo que convendrá que estés atento a una potencial escalada. En vez de responder directamente a la provocación, puedes decir algo neutro como «Interesante», al tiempo que te excusas y no sigues con la conversación. De este modo, invitarás poco o nada a seguir hablando del tema y evitarás dar a los provocadores la reacción emocional que están buscando.

Claro está que te encontrarás con reincidentes. Existen personas tóxicas que se empecinarán en provocarte aunque no consigan de ti una reacción emocional. Cuando ocurra esto, tendrás que defenderte y dejar claro que no vas a tolerar ese tipo de comportamiento, finalizando la interacción de inmediato y cortando el contacto por completo.

Intentar hacer ver a una persona manipuladora sus desprecios encubiertos puede dar lugar a más luz de gas, pero mantén tu posición e insiste en que su comportamiento no es adecuado. Demuestra tu recién descubierta fortaleza alejándote de cualquier persona que te moleste e intente provocar en ti una reacción. Como PAS, nunca serás «excesivamente» sensible ante las provocaciones de una persona insensible: estarás siendo lo sensible que tienes que ser. Confía en ti mismo.

Cómo utilizar las directrices CLEAR UP con una persona narcisista

Las directrices del acrónimo CLEAR UP que se presentaron en el anterior capítulo se pueden adaptar específicamente para tratar con individuos narcisistas y no cooperativos. No te puedes comunicar de forma efectiva con este tipo de personas a menos que tengas en cuenta su falta de empatía y la realidad de su trastorno. Pero recuerda: si temes que puedes estar en peligro o si tu abusador ha mostrado tendencias violentas en el pasado, no te enfrentes a un narcisista directamente.

He aquí cómo puedes aplicar el CLEAR UP cuando no puedas eludir la comunicación con un narcisista.

Contexto. Cuando enmarques la situación con una persona narcisista, abstente de utilizar un lenguaje excesivamente emocional y aférrate a los hechos. Convendrá que evites la confrontación cara a cara, de modo que recurre al correo electrónico o a los mensajes de texto, y documenta la interacción siempre que te sea posible. Los narcisistas se alimentan del combustible de tus reacciones emocionales y disfrutan provocando a las personas altamente sensibles. Responder de forma menos emocional a sus tácticas es una de las estrategias de una técnica más amplia conocida como el «método de la roca gris», desarrollado por una *blogger* llamada Skylar, una superviviente de un psicópata. Se trata de convertirse en una especie de roca gris y aburrida para evitar que el narcisista se fije en ti o quiera manipularte de manera activa, casi como cuando un animal se hace el muerto para que su depredador no lo ataque.

Utilizar un lenguaje menos emocional puede funcionar bien, porque al narcisista le resultará más difícil provocarte e irá en busca de una presa «más fácil» a la que provocar y manipular. Por ejemplo, si el narcisista te ha mentido y resulta que mantiene otra relación, podrías decirle algo así como: «Yo sólo mantengo relaciones con personas que son sinceras conmigo. Tú me dijiste antes de nuestra cita que no tenías pareja y ahora descubro que tienes esposa». Todo esto, afirmado con un tono de voz tranquilo, sereno, e incluso inexpresivo, mientras te ajustas a los hechos (o dando respuestas breves y neutras en mensajes de texto o correo electrónico), puede funcionar muy bien.

Establece las reglas. Cuando le digas por qué el comportamiento que señalas es problemático, convendrá que no te centres en ti y que lo hagas, más bien, en las potenciales consecuencias. Un ejemplo: «Si no dejas de molestarme, voy a tener que poner una denuncia». O bien puedes optar por una línea de comunicación más directa: «Deja de acosarme». Convendrá que lo hagas a través de un mensaje de texto o correo electrónico para poder documentar lo ocurrido.

Pon límites. En este punto puedes dejar de forma clara y directa lo que deseas, pero hazlo una vez, y sólo una vez, a través de comunicación electrónica. Por ejemplo, en una situación en la que una persona casada está intentando tener una relación contigo, puedes escribir: «No me lío con personas casadas. Por favor, no vuelvas a contactar conmigo». Si insiste, puedes bloquear su número de teléfono y cualquier perfil que pueda tener en redes sociales a través del cual intente comunicarse. Si recurre a cuentas anónimas o a números de teléfono distintos para conseguir hablar contigo, asegúrate de documentar esa información en caso de que necesites iniciar procedimientos legales.

Agradecimiento. No conviene agradecer nada a un narcisista en la mayoría de las situaciones, porque, si cedes un dedo, éste se tomará el brazo. Sin embargo, sí que puedes tomar en consideración tus propias necesidades. Si tienes que negociar en una situación donde no puedes cortar el contacto (como en el trabajo), busca la manera de satisfacer alguna de tus necesidades en la interacción. Por ejemplo, si un compañero de trabajo te pide que asumas la mayor parte del trabajo en un proyecto, dile que le enviarás tu mitad del trabajo cuando él haya terminado la primera mitad. Asegúrate de que existe un factor de «asunción de responsabilidades» o de «reciprocidad» que le haga saber a la otra persona que sus necesidades no serán satisfechas a menos que tú satisfagas las tuyas.

Repetición. Recuerda los hechos y tus objetivos por muchas tácticas de distracción que la persona narcisista emplee contigo. Si la persona casada del ejemplo intenta hacerte luz de gas diciendo: «No tengo pareja. No tengo ni idea de lo que estás hablando. ¿Podemos vernos y resolvemos el tema?», tú puedes responder con la técnica del disco rayado y repetir: «No quiero verte ni saber nada de ti. Tengo evidencias de que tienes pareja, y sé la verdad. No intentes tergiversar las cosas, pues no te va a funcionar conmigo». O puedes no responder nada en absoluto, bloquear su número de teléfono y *repetirte* simplemente la realidad de lo ocurrido. Anclarte en esa realidad es de suma importancia. No necesitas que la persona narcisista te valide antes de abandonar la interacción con ella y cuidar de ti mismo.

Buscar la unidad. Las personas narcisistas normalmente no aceptan un desacuerdo de forma pacífica, de modo que no esperes una negociación justa con ellas. Se enfurecerán contigo en cuanto su sentimiento de tener derecho a todo se vea amenazado. Lo importante, sin embargo, es que te unifiques con tus metas, con tu red de apoyo, con tus recursos externos y acciones de empoderamiento. Por mucho que la persona narcisista empuje tus límites, tienes que seguir haciendo lo que te conviene a ti y hacerla responsable de sus errores. Y, mientras observas, reúne información sobre la situación, documéntalo todo, con la certeza de que la persona narcisista rara vez cumple con su palabra. La documentación también puede ser útil si pides una orden de alejamiento o necesitas llevar el caso ante un tribunal. Presenta un frente unificado dentro de ti mismo, resistiéndote a la manipulación emocional que, de manera inevitable, usará para sacarte de tu camino.

Firmeza. Simular que confías en ti mismo, aunque no sea así, es aún más importante cuando tratas con una persona narcisista que está buscando signos de vulnerabilidad constantemente. Una vez más, evita la confrontación cara a cara si es posible. Si no, utiliza la interacción para desarrollar aún más la confianza en ti mismo. Lleva contigo a otra persona que pueda mediar y que sea «testigo», o que te dé más coraje. Si, normalmente, hablas en voz baja, aprovecha la oportunidad para hablar con un tono firme, neutro pero decidido. Mantén una «postura de poder» si eso te ayuda. Y conserva el contacto ocular.

REFLEXIÓN PARA EL DIARIO: **Planifica tus respuestas**

Con la ayuda de los principios esbozados en los ejemplos anteriores, planifica tu propio enfoque de CLEAR UP para tratar con la persona narcisista que te amarga la vida. ¿Qué le dirías? ¿A quién recurrirías en busca de ayuda para que te sirviera de testigo? ¿De qué modo incrementarías la confianza en ti y te arraigarías en la realidad de los abusos que estás sufriendo? ¿Cómo te mantendrías plenamente consciente?

Estrategias para salir

En cuanto sospeches que estás tratando con un individuo narcisista, implementa el acrónimo en inglés OFTEN, que es una estrategia que puedes utilizar para recordar las opciones que tienes para salir de la situación:

Observa en lugar de acusar
Desvanécete
La excusa práctica
Salir y hacer un plan de seguridad
Presta atención en vez de reaccionar

Observa en lugar de acusar. Los individuos narcisistas se desenmascaran antes si creen que no te das cuenta de quiénes son realmente, de ahí que la confrontación directa de su narcisismo no haga otra cosa que generar más manipulación, además de despertar la ira narcisista, lo cual puede llevarte a quedar atascado en el ciclo de abusos, dado que el narcisista iniciará de nuevo el bombardeo amoroso. Si sospechas que te hallas con un narcisista, lo mejor que puedes hacer es prepararte mentalmente para cortar la relación, al tiempo que reúnes información acerca de su carácter.

Por ejemplo, si planeas divorciarte de una persona narcisista, no se lo digas hasta que lo tengas todo a punto, lo cual puede significar: consultar con un abogado de divorcios especializado en personalidades altamente conflictivas, contratar a un planificador financiero de divorcios para que te ayude con tu crédito y tus finanzas, averiguar qué dicen las leyes sobre la custodia de los hijos, abrir una cuenta bancaria distinta y encontrar otro lugar donde vivir.

Permanece atento a las banderas rojas de advertencia y, cuando aparezca alguna, valídate por ti mismo, sin fiarte de la contraexplicación de la persona narcisista (que es probable que esté repleta de mentiras patológicas, proyecciones y medias verdades). Sus actos y sus patrones de comportamiento te dirán mucho más de lo que sus palabras puedan decirte jamás.

Desvanécete. Cualquier narcisista se enfurecerá cuando se sienta despreciado o rechazado, de modo que, en vez de rechazarlo directamente, puedes «desvanecerte» poco a poco. Simula que todo funciona como ha funcionado hasta ahora, pero, poco a poco, dedícale cada vez menos tiempo y energía. En las conversaciones, responde de forma muy escueta, con una sola palabra o con respuestas neutras, y deja de invertir lentamente en la relación, de manera que se acostumbre a no tenerte alrededor. Los narcisistas no soportan que no se les preste atención, de manera que buscarán por cualquier otro sitio su suministro narcisista.

La excusa práctica. Cuando comiences a desvanecerte, convendrá que tengas una «excusa práctica» a mano, algo que el narcisista considere lo bastante plausible como para entender tu retirada y que no piense que en realidad lo estás sacando de tu vida. Finge que tienes muchas cosas que hacer, que tienes un proyecto de trabajo o un estresante trabajo de fin de curso, o bien una nueva empresa que te absorbe mucho tiempo. Si tu narcisista reacciona con furia, procede con el siguiente paso.

Salir y hacer un plan de seguridad. Con el tiempo, convendrá que tengas un plan de seguridad para salir de la relación. Elabora una estrategia de escape con un asesor, con tu departamento de recursos humanos o con un asesor de violencia de género. Dependiendo de la naturaleza de la relación que mantengas con la persona narcisista y de si convives o no con ella, quizás no tengas que hacer tantos arreglos como cabría esperar.

Presta atención en vez de reaccionar. Si no tienes más remedio que seguir tratando con la persona narcisista aun después de haber abandonado la relación (como en situaciones de custodia compartida o en reuniones familiares), mantener el control emocional es una exigencia.

Como sabes, los individuos narcisistas disfrutan provocándote, de modo que presta atención a sus tácticas manipuladoras, ponles nombre y, en vez de regalarles las reacciones que están buscando, respira conscientemente y céntrate en tu cuidado personal. Sé consciente de lo que están intentando obtener de ti y te liberarás emocionalmente de sus tácticas.

CAPÍTULO 4

LA REHABILITACIÓN
TRAS LA RELACIÓN
CON UNA PERSONA TÓXICA

Dejar la adicción y cortar el contacto

Miranda no podía comprender por qué no era capaz de olvidarse de Terence. No dejaba de darle vueltas al vertiginoso romance que habían tenido, aunque hacía meses que habían roto. Al principio de su relación, él le había hecho multitud de lujosos regalos, escapadas de fin de semana y citas inolvidables. La llamaba de día y de noche. Y, aunque había veces en que él parecía un poco frío y retraído, ella desestimaba tales advertencias cuando él regresaba con la misma dedicación y fervor que había exhibido en un principio.

Más tarde, él comenzó a despreciarla y a compararla con otras mujeres, arremetiendo contra ella incluso en sus arrebatos de ira. Desaparecía durante días y la ignoraba, para después regresar como si nada hubiera pasado. Y ella acogía aliviada su vuelta una y otra vez. Y aunque fue ella la que dio por zanjada la relación y cortó con todos los vínculos, su mundo se desmoronó en pedazos tras la ruptura. La devastación que sentía era abrumadora. No hacía más que pensar en llamarle y reconciliarse con él, a pesar de los malos tratos. Ella creía que, sólo con que fueran capaces de «hacer que las cosas funcionaran», podrían volver a lo que la relación fue en un principio.

En el mundo de las finanzas, la *falacia de los fondos perdidos* nos habla de un fenómeno en el que seguimos invirtiendo (tiempo, dinero o recursos) en algo porque hemos pagado ya un coste tan alto que no puede ser impagado. En el contexto de las relaciones tóxicas, la falacia de los fondos perdidos se aplica al tiempo y la energía que hemos invertido en una persona concreta y en la esperanza de un regreso positivo, un pago de algún tipo por la fuerte carga emocional que ha supuesto mantener la relación y la deuda psicológica que hemos contraído por soportar el trauma. Pensamos: «Llevo mucho tiempo con él, ¡no puedo dejar mi inversión ahora!». Como un jugador en un casino, en vez de seguir perdiendo y darnos cuenta de que perderemos mucho menos si lo dejamos ahora, seguimos jugando con la esperanza de «ganar» algo que nunca se materializa.

Para superar esta falacia vas a tener que aceptar que, aunque nunca podamos recuperar el tiempo perdido, *sí que podemos* reclamar nuestro futuro y evitar más pérdidas en nuestro bienestar dejándolo más pronto que tarde. La libertad será el pago que estás buscando. Pero la libertad puede ser difícil de obtener si sigues sintiendo adicción por tu pareja narcisista o tóxica. En este capítulo aprenderemos a gestionar esa adicción y a reconectar con la realidad de la situación.

La ausencia de contacto es un regalo para ti

La «ausencia de contacto» crea un espacio para sanar y volver a vivir, lejos de las influencias denigrantes de la persona tóxica. Es una oportunidad para que te desprendas por completo de ella mientras sigues con tu vida y persigues tus metas. Te permite ver la relación con honestidad, desde la esfera de tu propia intuición, tus emociones y pensamientos, sin luces de gas ni abusos que enturbien tu perspectiva.

Cualquier persona que no te haya tratado con respeto no merece estar en tu vida, y la regla de «ausencia de contacto» te ayudará a resistir la tentación de invitarla a que vuelva a tu vida de algún modo. Para muchos supervivientes resulta útil seguir sus progresos en un calendario o un diario, y deberías celebrar poder mantener la ausencia de contacto y tomar nota de tus avances con ella, dado que es tanto un reto como un gratificante camino hacia el empoderamiento personal.

En última instancia, mediante la ausencia de contacto, escenificas tu victoria y exploras tus puntos fuertes, tus talentos y tu recobrada libertad. Si es la primera vez que lo intentas, te invito a que des los primeros pasos hacia la rehabilitación poniéndote a prueba durante, al menos, noventa días de ausencia de contacto, que es la misma cantidad de tiempo que necesitan los adictos a las drogas para desintoxicarse, pues, como debes saber, el amor tóxico se parece mucho a una adicción. Durante este período de desintoxicación, puedes comenzar tu sanación en un espacio protegido de amor y cuidados personales que te permitan recuperarte de los abusos tanto mental como físicamente.

Cómo romper los vínculos bioquímicos

¿Te acuerdas de cuando hablamos de la adicción bioquímica en el capítulo 1? Pues bien, ha llegado el momento de reemplazar los vínculos con la persona tóxica por algo más constructivo que destructivo.

La dopamina
Como recordarás, la dopamina es una de las culpables de tu enamoramiento de una persona inconsistente. Este neurotransmisor se libera con más facilidad cuando las recompensas son intermitentes e impredecibles, de manera que el comportamiento de calor y frío de los narcisistas facilita en realidad nuestra adicción malsana a ellos. El placer y el dolor, combinados, hacen más «gratificante» la experiencia para nuestro cerebro que el placer por sí solo, y, como consecuencia de ello, el cerebro presta más atención a estas relaciones. Rompe esta adicción tóxica reemplazándola por alternativas más sanas.

La novedad
Emprende nuevas actividades que te den un subidón de adrenalina y que no tengan nada que ver con la relación tóxica. Las PAS para quienes actividades como la escalada, la caída libre o el *puenting* resulten

demasiado alarmantes para su sistema nervioso haced una cosa cada día que os dé miedo pero que sepáis que es beneficioso para vosotras. Mediante lluvia de ideas, buscad vías y actividades que añadan espontaneidad a vuestra vida, con la cual reemplazar los subidones que la persona narcisista solía daros. Durante mis propias fases de ausencia de contacto, yo solía buscar eventos diferentes a diario para ver a qué aventura nueva podría enfrentarme cada día. Este «programa intermitente» de recompensas hace que la dopamina fluya con más facilidad por tu cerebro, dándote oportunidades para que explores nuevos intereses y aficiones. Puedes comenzar haciendo aquellas cosas que siempre quisiste hacer, y móntate un programa tan impredecible como el comportamiento de calor y frío de tu narcisista. Esto te permitirá reconstruir una vida más plena en términos generales.

REFLEXIÓN PARA EL DIARIO: **Lista de cosas por hacer**
Realiza una lista de cosas por hacer que te obligue a ir más allá de tu zona de confort, añadiendo un elemento de miedo «sano», aunque sin estimularte en exceso con respecto a tus niveles de sensibilidad. En mis períodos de ausencia de contacto, yo buscaba aventuras que hicieran mi vida más excitante e interesante, desde lo más extraño y tonto hasta lo más gratificante y desafiante; cualquier cosa, desde cabalgar un toro mecánico hasta subirme por vez primera en mi vida en una montaña rusa. También me inscribí en un gimnasio nuevo, investigué mi creatividad en un grupo de terapia a través del arte y probé el yoga caliente. Haz cosas que nunca hayas hecho y otras que sí hayas hecho, pero hazlas de una manera diferente, ya sea por simple diversión o con un objetivo en concreto. En tanto en cuanto sea algo nuevo, tu organismo, tu cerebro y tu mente te lo agradecerán.

La productividad

¿Quieres alimentar tu sistema de gratificaciones de formas más constructivas? Genera nuevos circuitos de recompensas que te mantengan centrado en tus metas, sueños y aspiraciones. Ve en pos de tus pasiones y explora oportunidades de trabajo que te entusiasmen. Absórbete en una nueva afición; hazte voluntario de alguna organización que ayude a personas necesitadas; inicia un proyecto nuevo y creativo; matrícúlate en un curso o una carrera universitaria que te fascine y que te aporte algo para alguna actividad o desempeño que te importe.

Conozco a muchos supervivientes que se matricularon en estudios de orientación y asesoramiento para ayudar a otras personas como ellos; debido a sus experiencias vitales, encontraron aquellos estudios especialmente satisfactorios y gratificantes. Mientras yo practicaba la ausencia de contacto, escribí libros, conseguí un nuevo empleo y conocí a gente nueva a través de Meetup.com. Esto fortaleció mi sistema de recompensas de un modo productivo, no destructivo. Por otra parte, esto te permitirá reconstruir tu vida con un nuevo sistema de apoyos, aportándote una renovada sensación de esperanza que es esencial para salir adelante tras una relación tóxica.

REFLEXIÓN PARA EL DIARIO: **Marcarse metas**
Haz una lista con, al menos, diez metas, actividades o aficiones que te gustaría realizar justo ahora para reemplazar el tiempo y la energía que una vez empleaste con la persona narcisista.

El placer social

Las PAS precisan una red social que refleje su propia naturaleza empática, de modo que sal con personas que te hagan sentir bien debido a sus actitudes positivas, validadoras y de apoyo. Elige amigos que te eleven el espíritu y pasa el rato con ellos a tu propio ritmo. Respeta el hecho de que las interacciones sociales pueden agotarte fácilmente y equilibra tus tiempos de soledad con el suficiente placer social como para mantenerte lleno de energía en lugar de agotado.

Elige bien tus compañías. Durante tu recuperación, mantente lejos de personas que te enerven, o bien limita tus interacciones con ellas. Sabes a qué me refiero: a esas personas insensibles y que invalidan, que sólo te hacen sentir peor contigo mismo. En cambio, socializa con aquellos amigos y amigas con quienes siempre pasas un buen rato, con quienes tienes conversaciones profundas y plenas de sentido, aquellos que te hacen reír y que cuidan de ti. Éstos son los amigos que pueden hacer fluir de nuevo la dopamina en tu cerebro, pero sin el estrés y el trauma que traen las personas tóxicas.

La soledad

Del mismo modo que es importante relacionarse socialmente, también lo es buscar momentos de soledad agradables. Como PAS, tú procesas las cosas en profundidad. Tienes los dones de la introspección, la imaginación y la creatividad. Utilízalos cuando te tomes tiempo y espacio para recargar tus baterías mentales. El tiempo en soledad te acostumbra a la paz y la alegría a las que puedes acceder cuando no hay una persona tóxica en tu vida. Entre las actividades placenteras que se puede hacer en soledad pueden estar la de salir a cenar solo, ir a un *spa*, sumergirte en un baño de burbujas con aceites aromáticos y velas, que te den un masaje, comprarte equipamiento nuevo para algo, ir de viaje a una ciudad nueva o, incluso, a un país distinto que siempre quisiste visitar. Las posibilidades son infinitas. Esto te hará más independiente y menos complaciente con los demás, porque, cuanto más disfrutes tus momentos de soledad, menos probable será que toleres a personas tóxicas por el mero hecho de tener compañía.

Consejo para el cuidado personal. Para añadir un subidón de adrenalina, incorpora, siempre que te resulte posible, un elemento sorpresa a estas actividades, introduciendo algo «nuevo»: una comida que nunca hayas probado, un sitio que nunca hayas visitado o un juego al que nunca hayas jugado. Haz un viaje a algún sitio nuevo durante al menos un fin de semana, aunque sólo sea a uno de esos lugares de alojamiento y desayuno en una ciudad o provincia diferente.

La oxitocina

Como ya vimos en el capítulo 1, la oxitocina es esa inoportuna hormona del amor que nos lleva a confiar en las personas tóxicas, aunque no sean dignas de confianza, ya que se libera durante la intimidad física. Pero puedes reemplazar el vínculo de la oxitocina con la persona narcisista por cualquiera de las siguientes opciones.

Retirada del contacto

La ausencia de contacto o mantener un nivel bajo de contacto (el mínimo necesario en situaciones que requieran mantener los lazos, como en el entorno laboral o en una custodia compartida) es esencial para desengancharse de los efectos del vínculo de la oxitocina, aunque, evidentemente, no por ello dejará de emerger el anhelo por reconectar con la pareja narcisista. Pero, en lugar de ceder a esta tentación, sustituye ese anhelo por conexiones más saludables.

Terapia con mascotas

No sólo liberas oxitocina cuando retozas con la persona que amas. Puedes producir también esta hormona abrazando y acariciando a un encantador animal. Las investigaciones demuestran que abrazarse y acariciar a un perro incrementa los niveles de oxitocina, tanto del perro como de la persona, al tiempo que reduce los niveles de cortisol en los seres humanos (Odendaal y Meintjes, 2003). Si todavía no tienes una mascota, cuida del perro de un amigo, ve a una tienda de animales o a un refugio y, si puedes, adopta a un animal doméstico.

El contacto físico

También se libera oxitocina a través del contacto físico con cualquier persona con la que tengas una relación positiva (Handlin, Petersson y Uvnäs-Moberg, 2015), de modo que convierte en hábito abrazar a las personas que quieres. Una vez haya concluido la relación con tu pareja narcisista, puedes incluso establecer contacto físico seguro con alguien por quien sientas atracción y, siempre y cuando no te sientas mal con ello, contempla a esa persona no más que como una pareja ocasional, diferenciando bien entre contacto físico y conexión emocional. Durante el tiempo de recuperación, no es aconsejable forjar una relación a largo plazo, a menos que te hayas recuperado considerablemente.

El flirteo ocasional

No te compliques: interactúa, habla o acude a una cita ocasional con alguien que no tenga ataduras, pero sólo si puedes mantener tus expectativas muy bajas, invirtiendo poco en la relación. Ten en cuenta que tener una relación sexual con esa persona puede vincularte a ella, con el riesgo de que se disparen resortes insospechados y regrese el trauma, de modo que actúa en función de lo que sientas que puedes manejar. Lo último que tienes que hacer es crear un vínculo con otra pareja en principio tóxica. Tan sólo estamos dándonos la oportunidad de flirtear y de interactuar socialmente.

Esta técnica no funcionará en aquellas personas que no son capaces de separar el afecto físico de algo más serio. Pero, para el resto, tener una cita o flirtear con una persona nueva puede suponer una agradable distracción, y puede servir para que la persona superviviente vuelva a sentirse amada y deseada. Por otra parte, te recordará también que tienes la opción del contacto estrecho y la intimidad con otras personas distintas a la narcisista.

La compasión y el compromiso social

La oxitocina puede incrementar la compasión y los comportamientos prosociales en aquellas personas que sufren los síntomas del trastorno de estrés postraumático (TEPT) (Palgi, Klein y Shamay-Tsoory, 2016). Debido a esa conexión, la oxitocina puede impulsarte para que ayudes a un amigo, dones a alguna causa, hagas voluntariado en alguna organización humanitaria o que le prestes atención a alguien. Así, no sólo ayudarás a otra persona, sino que tú te sentirás también mejor. Es una situación en la que todo el mundo sale ganando.

También conviene mostrar compasión por uno mismo, dado que las investigaciones indican que, con ello, se incrementan los niveles de oxitocina y disminuyen los de cortisol. Según la experta en autocompasión Kristin Neff (2011), el mero hecho de cruzar los brazos sobre el pecho y ponerse las manos en el corazón libera oxitocina, de manera que te puedes dar un abrazo de este tipo siempre que lo necesites. Las meditaciones de bondad amorosa también incrementan la compasión hacia ti mismo y hacia los demás, reduciendo el cortisol en el organismo (Rockliff *et al.*, 2008).

El cortisol
El cortisol es una hormona de la que conviene tener *menos,* no más. El escritor y *coach* Christopher Bergland (2013) sugiere múltiples formas de contrarrestar sus efectos, entre las cuales están la actividad física, la atención plena, la meditación, la risa, la música y la conectividad social. Mientras te recuperas de la persona tóxica, sigue algunas de estas sugerencias para disminuir tus niveles de cortisol:

- Asiste a una sesión semanal de yoga flujo, o bien sigue una sesión diaria *online.*
- Introduce una meditación de respiración de diez minutos en la rutina matutina todos los días.
- Mira programas televisivos de humor y comedias, pues la risa reduce el cortisol y alimenta tu sistema de recompensas.
- Sonríe siempre que puedas, pues libera endorfinas que incrementan la relajación.
- Queda con tus amigos y amigas más queridos para salir una noche.
- Únete a un foro o grupo de apoyo para supervivientes de abusos.
- Escucha música que exprese las diferentes fases de dolor o de ira que puedas estar experimentando.
- Haz trabajos de voluntariado en un centro comunitario.
- Realiza afirmaciones y meditaciones de bondad amorosa para incrementar la compasión por ti mismo.

Relajarse y serenarse es clave para desprenderte de la persona narcisista de tu vida, pues te ayudará a dar un paso atrás y a vencer el anhelo por reconectar con ella.

La serotonina
Una deficiencia en esta potente hormona puede provocarte una adicción obsesiva por tu expareja, pues afecta a la impulsividad, la capacidad para actuar según los planes, las emociones, la memoria, el peso,

el sueño y la autoestima. Para incrementar los niveles de serotonina, prueba estos potenciadores, algunos de los cuales los sugiere el investigador Alex Korb (2011):

- **Luz solar:** la exposición a la luz solar incrementa los niveles de serotonina. Puedes darte un paseo por la mañana y otro al atardecer en los días soleados para conseguir tu dosis diaria.
- **Vitaminas del grupo B:** los bajos niveles de serotonina pueden provocar depresión. En este caso, el complejo de vitaminas B es esencial para la creación no sólo de serotonina, sino también de dopamina, y las investigaciones indican que existe una correlación entre la depresión y una deficiencia en vitaminas B_6 y B_{12} (Mikkelsen, Stojanovska y Apostolopoulos, 2016). Consulta con tu médico la posibilidad de tomar suplementos de vitamina B para reducir el riesgo de depresión.
- **Masajes:** las investigaciones demuestran que la terapia de masaje reduce los niveles de cortisol y potencia los niveles de serotonina y dopamina, aliviando así el estrés (Field *et al.*, 2005).
- **Recuerdos felices:** recordar momentos felices parece incrementar la producción de serotonina en el córtex cingulado anterior, una parte del cerebro que controla la atención. Hojea viejos álbumes de fotos y periódicos, o mira viejas películas en casa si necesitas visualizar recuerdos felices. Con ello lograrás un doble efecto: incrementarás la serotonina, al tiempo que evitarás darle vueltas a la cabeza a acontecimientos desagradables. Pero ten cuidado de no comenzar a recordar románticamente los momentos felices que pasaste con tu abusiva expareja; más bien, realiza una lista de gratitud de recuerdos no relacionados con tu abusador.

Terapia
Una forma eficaz de romper vínculos malsanos consiste en hacer terapia con un profesional de la salud experto en relaciones tóxicas, adicciones y vínculos traumáticos. Deberá ser alguien bien versado en estos temas, capaz de ayudarte a destapar heridas por debajo de la superficie de las que quizás no seas consciente. En el último capítulo, hablaré más acerca de diferentes tipos de terapia.

Fármacos

Hay medicamentos que pueden ser útiles si sufres depresión o una ansiedad severa, como son los inhibidores selectivos de la recaptación de la serotonina, o ISRS. Sin embargo, profundizar en ellos no se halla entre los objetivos de este libro. Por favor, consulta siempre con tu psiquiatra o profesional de la salud mental sobre cuál es la mejor medicación que puedes tomar. No «sustituyas» nunca la medicación que puedas estar tomando por ninguna de las herramientas de recuperación que se presentan aquí, dado que no pretenden sustituir a la terapia, sino tan sólo suplementar el régimen de cuidados personales.

Ejercicio

Se trata de un poderoso tónico para el estado de ánimo, porque actúa sobre un gran número de sustancias bioquímicas, dando como resultado una liberación masiva de neurotransmisores como la norepinefrina, la dopamina y la serotonina. Por otra parte, el ejercicio puede reducir también los niveles de cortisol. Por suerte, existen un gran número de formas de realizar deporte. Yo he hecho de todo, desde ir a clases de baile de hip-hop hasta cardio *kick-boxing,* pero mi ejercicio favorito sigue siendo correr. Te recomiendo que te inscribas en un gimnasio o en tu centro de yoga local si no lo has hecho ya. Tanto si te encuentras actualmente dentro de una relación abusiva, como si tienes planeado abandonarla o has iniciado ya el camino para cortar todo contacto, cualquier forma de ejercicio (caminatas, danza del vientre, entrenamiento de fuerza, pilates, artes marciales, bicicleta o zumba) será un antidepresivo natural y te ayudará a gestionar tus emociones de una forma mucho más eficaz en cualquier fase de tu recuperación.

Abandonar a una persona tóxica con la que mantenemos relaciones íntimas puede resultar más difícil debido al hecho de que estemos ligados bioquímica y traumáticamente a ella. En lo referente a relaciones adversas, el cerebro tiende a trabajar *en nuestra contra* más que a nuestro favor, que es el motivo por el cual tenemos que esforzarnos más para cortar los lazos y recordar que nuestra preocupación por esta persona tiene que ver más con los traumas de la relación que con sus méritos personales. Si podemos comprender mejor el carácter adictivo de estas relaciones tóxicas, sin culparnos ni justificar nuestra larga permanencia en la relación, podremos generar adicciones más sanas y desprendernos de la persona tóxica.

Consejos para cortar o reducir el contacto

El final de una relación malsana puede dejarnos en una situación muy inestable, con la sensación de que no podemos enfrentarnos a los problemas. Aunque lógicamente sabes que no te mereces ese abuso, tal convicción se puede tambalear cuando las emociones hacen presa en ti. Los vínculos traumáticos nos mantienen ligados a la persona tóxica, junto con otros factores como la codependencia, o una baja autoestima y valoración propia, que nos llevó a la relación desde un principio o que la misma persona tóxica puede habernos inculcado. He aquí algunos consejos para cortar o reducir el contacto.

Ten una agenda llena de actividades gratificantes. Si cortar el contacto es todo un reto para ti, llena tu agenda semanal de actividades agradables y distraídas, como pasar el rato con los amigos, ir a ver una comedia, a que te hagan un masaje, dar un largo paseo o leer libros que te ayuden e inspiren.

Gestiona de manera consciente tu adicción. No olvides que somos literalmente «adictos» a la persona narcisista debido a los vínculos bioquímicos que generan el bombardeo amoroso, la degradación y el trauma. Cuida de tu bienestar físico y mental a través del ejercicio diario y estableciendo unos hábitos regulares de sueño, para mantener en equilibrio tus ritmos circadianos, haciendo yoga para fortalecer tu organismo y aliviar el estrés, y manteniendo una práctica diaria con el tipo de meditación que desees. Los estudios demuestran que la atención plena (*mindfulness*) mitiga el anhelo de la adicción (Bowen *et al.,* 2009; Westbrook *et al.,* 2011). También puedes probar otros métodos de sanación alternativos, de los que hablaremos en el último capítulo, como la acupuntura y la aromaterapia.

Practica la aceptación radical. Desarrolla una relación sana con tus impulsos por romper con la regla de contacto cero practicando la *aceptación radical;* es decir, acepta plenamente la vida tal como es en el momento presente y no te resistas a lo que no puedes controlar. Recuerda que las recaídas pueden ser inevitables en el ciclo de la adicción. Perdónate si te caes del caballo y restableces el contacto en algún momento, pero vuelve a la norma de contacto cero lo antes posible, perdonándote y sintiendo compasión por ti mismo. Lleva un registro de tus impulsos en tu diario y asegúrate de que, antes de actuar por impulso, te das al menos una hora para recomponerte. Esto te resultará más fácil en cuanto te percates de que contactar con tu expareja, amigo o familiar tóxico no trae más que problemas y dolorosas experiencias de aprendizaje.

Sigue la regla de la demora siempre que sea posible. Si sientes la tentación de sabotearte o la incitación a seguir un impulso dañino (como romper la norma de contacto cero llamando a tu abusador), demora la acción. Espera al menos un día para ver cómo te sientes, y valora si quieres ceder al anhelo o no. Y sigue retrasando la acción hasta que el impulso ceda. Durante este tiempo busca ayuda: habla con un amigo o amiga de confianza, o busca un consejero que te apoye y te inste a asumir la responsabilidad de protegerte de una persona tóxica.

EJERCICIO: **La gestión de la adicción**
Cada vez que surja el anhelo de romper la regla de contacto cero, visualízalo como el flujo y el reflujo de una ola que viene y se va. El anhelo pasará. Y si tienes una recaída, acepta radicalmente (sin juzgarte) tu error y vuelve al camino tan pronto como sea posible. En toda adicción puede haber recaídas, pero la recuperación llegará por fin si existe un compromiso constante.

Busca comunidades de apoyo. La rendición de cuentas social es crucial en lo relativo al cambio de una conducta malsana. Busca foros o comunidades *online* relacionadas con las PAS o con la recuperación tras una relación malsana o tóxica. Formar parte de estos foros de ayuda te proporcionará una red de apoyo sólida mientras te esfuerzas por cortar cualquier contacto, con el añadido de darte la oportunidad de ayudar a otras personas que, como tú, también están forcejeando por salir de su adicción. Además, el apoyo de tus compañeros te permitirá validar las experiencias por las que tuviste que pasar.

EJERCICIO: **El apoyo comunitario**
Busca una comunidad virtual o presencial a la que te puedas unir esta misma semana.

Tómate el tiempo necesario para hacer el duelo. Probablemente, experimentarás un profundo pesar durante el tiempo en que te alejes de la persona tóxica de tu vida. Pero debes saber que esto es normal y que el duelo suele ser cíclico. No hay un límite de tiempo. Es un hecho: cuanto más te resistas a los pensamientos y las emociones negativas, más perdurarán; porque es justo el procesamiento emocional de tus traumas el que te permitirá sanar. Así pues, aprende a aceptar tanto tus emociones como el proceso de duelo como parte inevitable del proceso curativo. Te recomiendo que pruebes los ejercicios de duelo que aparecen en el libro *Getting Past Your Breakup* (*Cómo superar la ruptura*), escrito por la asesora de duelos certificada Susan Elliot (2009).

REFLEXIÓN PARA EL DIARIO: **Enfrentarse a una emoción**
¿Qué emoción es la que has estado intentando evitar? Plasma por escrito tus pensamientos y sentimientos relacionados con esa emoción.

Establece los parámetros de un contacto de bajo perfil. Si tienes que mantener un perfil bajo en lugar de contacto cero con un abusador debido a una custodia compartida, a obligaciones laborales o por tratarse de un progenitor con quien no estás preparado para cortar definitivamente, toma en consideración qué formas de contacto *sí que podrías* tolerar. ¿Permitirás llamadas telefónicas o sólo mensajes de texto? ¿Verás a la persona en fiestas señaladas o prefieres no tener contacto personal salvo en caso de emergencia? Éstas son preguntas que tendrás que considerar para limitar las vías en las que esa persona tóxica pueda acceder a ti.

REFLEXIÓN PARA EL DIARIO: **Establecimiento de límites para un contacto de bajo perfil**

¿Qué límite puedes establecer en este momento que te haga más fácil un contacto de bajo perfil? Por ejemplo, ¿puedes bloquear las llamadas de la persona tóxica y utilizar sólo un número de Google Voice para mensajes de texto? Esto podría darte un respiro ante una comunicación incesante, y te permitiría leer lo que la otra persona tenga que decir sólo cuando estés listo para ello, si es que lo estás.

CAPÍTULO 5

LAS FRONTERAS

Vallas electrificadas que mantienen a raya a los depredadores

A fin de protegernos de las personas tóxicas y de situaciones malsanas, convendrá desarrollar la habilidad de poner límites de forma natural, en vez de como última barrera de protección, pues será mejor que tengas las fronteras en su lugar *antes* de que tengas que invertir tiempo y energía en una relación malsana; es decir, antes de que un depredador tóxico se introduzca en tu vida y te cause daños. Las fronteras son nuestros «límites» físicos, emocionales, sexuales y psicológicos, y las PAS tienen que ingeniárselas para defenderlas incluso con más firmeza, dado que somos proclives a que se aprovechen de nosotros.

Las fronteras son, figuradamente, vallas que levantamos para protegernos de los individuos tóxicos que transgreden nuestros derechos más básicos, interfieren con nuestros valores fundamentales y perturban nuestra sensación de seguridad. Si comprendes mejor qué son las fronteras, los derechos y las condiciones indispensables, podrás actuar con los demás de forma más consistente a la hora de levantar fronteras seguras, manteniéndoles a raya para que, de entrada, no interfieran tu estado mental.

El acrónimo de la palabra inglesa BOUNDARIES («fronteras») te recordará qué son las fronteras y cómo mantenerlas:

Cree en tu propia valía
Aprópiate de tu capacidad de actuar
Comprende tus valores más profundos
Pon palabras a lo que no es negociable
Las condiciones indispensables – identifícalas
Afírmate sin pedir disculpas
Ratifica y repite si se te cuestiona
Implementa de forma práctica y segura
Vete si no hay respeto
Ponte a salvo y prioriza tus cuidados personales

Cree en tu propia valía. En primer lugar, cultiva la confianza en ti mismo y cree firmemente que *tienes derecho* a establecer tus límites. Para ello, debes tener también claro que mereces protegerte y satisfacer tus propias necesidades. Recurre a las distintas modalidades curativas de las que se habla al final del libro para «reprogramar» tu cháchara mental negativa, de tal modo que creer en tu propia dignidad sea tu forma por defecto de pensar y comportarte.

Si crees que mereces que te traten bien y tomas medidas para sintonizar tu subconsciente con esa creencia, verás cómo se producen milagros. Funcionarás de un modo más asertivo con los demás, porque tu programación automática ya no dirá: «No soy suficientemente buena» o «Soy hipersensible, no me hagas caso, me morderé la lengua y me quedaré calladita en un rincón», sino «Soy suficientemente buena. *Soy* digna. Merezco que se me respete. Y merezco satisfacer mis necesidades también. *Soy* sensible, y eso está muy bien».

Aprópiate de tu capacidad de actuar. Muchas PAS muestran patrones de indefensión e impotencia en sus relaciones interpersonales. Siendo PAS, quizás pienses que las cosas no van a cambiar, o que jamás serás capaz de defenderte debido a tu temor a la confrontación. Lo cierto es que las PAS nos debilitamos ante el conflicto, porque supone una sobrecarga para nuestro sistema nervioso y nos lanza directamente hacia respuestas de lucha o huida, o bien a adoptar actitudes de congelación o cervatillo (complaciente y sumiso), en las cuales es muy probable responder de forma poco adaptativa ante los manipuladores. Tales secuestros de la amígdala se imponen sobre una toma de decisiones racional, mientras nos retrotraemos a heridas y temores del pasado, reaccionando de maneras que benefician al manipulador o ponen en peligro nuestra seguridad (Walker, 2013; van der Kolk, 2014).

Apropiarse de la capacidad de actuar significa examinar las distintas opciones existentes para abordar una situación de forma eficaz. Para ello, se precisa una adecuada valoración de los pros y los contras de la situación, enfrentándonos conscientemente a nuestra incomodidad con el fin de actuar de forma confiada, explorando todo aquello que podamos controlar y cambiar, y abordando la realidad de la situación, en vez de caer en ilusiones o en la indefensión aprendida.

Comprende tus valores más profundos. Reconecta con tus valores y derechos fundamentales. Recuérdate a diario que tienes derecho a protegerte de los abusos, la explotación y los malos tratos. Tienes derecho a protestar con respeto por los comportamientos tóxicos de los demás, y también a alejarte de ellos. Tienes derecho a una comunicación segura, sana y respetuosa con los demás. Tienes derecho a tomarte un respiro. Tienes derecho a la privacidad. Tienes derecho a no ser un saco de boxeo o una esponja emocional para las personas tóxicas. Tienes derecho a sentir desagrado por alguien o por su manera de actuar.

Toma conciencia de tus valores más profundos, descubre las necesidades que hay tras ellos y pon tus fronteras pensando en cómo vas a respetar esas necesidades. Por ejemplo, si valoras el éxito, quizás necesites una pareja que te anime en vez de infravalorarte en tu carrera profesional. Tal vez puedas respetar ese valor y esa necesidad fundamental dejando fuera de tu vida a todas aquellas personas que no apoyen tu carrera o tu ambición.

Puedes discernir tus valores fundamentales fijándote en aquellas experiencias de tu vida que te hayan llevado a un conflicto con tu guía interior o radar moral. Quizás forcejeaste en tu interior recientemente en una situación en la que alguien te pidió que mintieras por él, cuando la sinceridad puede ser un valor fundamental para ti. Tú crees en la honestidad, aun en las circunstancias más difíciles, y entre tus valores nucleares pueden estar también la integridad y la escrupulosidad. Crees en hacer lo correcto más que en la gratificación inmediata, aunque eso suponga un sacrificio por tu parte. En resumen, tomar conciencia de tus valores fundamentales te permitirá reconocer el tipo de personas con las que podrás compatibilizar tu vida a largo plazo.

Pon palabras a lo que no es negociable. Dependiendo del tipo de persona tóxica a la que te enfrentes, tendrás que poner palabras a lo que no es negociable para ti, al menos *para ti mismo,* para que, como mínimo tú, lo tengas claro. En ocasiones, comunicar algo innegociable pasa por mantener una conversación con un asaltalímites estándar, que aún dispone de la capacidad de comprender cuáles son tus fronteras. Sin embargo, si tratas con una persona narcisista, que va a utilizar contra ti tus puntos no negociables y te va a provocar con ello, será mejor que tengas muy claro qué vas a tolerar y qué no, para luego retirarte sin más explicaciones ni justificaciones en el momento que aparezca una conducta que suponga una bandera roja.

Tus puntos no negociables pueden variar en cierto sentido dependiendo del contexto, pero protegen tus derechos básicos como ser humano digno de respeto y compasión. Entre los innegociables puede haber cosas como: «Nadie me va a levantar la voz» o «Nadie me va a tratar de forma condescendiente». En tanto que PAS, nos suelen decir que somos demasiado sensibles en las relaciones. Sin embargo, nuestra incomodidad es legítima y válida, y tenemos derecho a expresarla de modos saludables y asertivos. Pero con un narcisista que te maltrata continuamente, estas fronteras se pueden implementar de forma inmediata, sin justificación ni explicación alguna, retirándote por completo de la interacción. Con un asaltalímites estándar que sea capaz de escuchar, podemos llamarle la atención de forma asertiva, para luego dar un paso atrás y observar cómo se comporta a partir de entonces.

Las condiciones indispensables: identifícalas. Nuestras condiciones indispensables son aquellos puntos innegociables que no necesariamente tienen un carácter universal válido para todos. Tienen que ver, más bien, con nuestros singulares niveles de confort. Por ejemplo, quizás tengas una condición indispensable a la hora quedar con alguien para una cita, exigiendo que la persona sea vegana. O tal vez una condición indispensable sea que no quieres salir con nadie que quiera tener hijos en un futuro. Otra persona podría poner como condición indispensable salir sólo con no fumadores. Es decir, tus condiciones indispensables no tienen por qué calificarse como de «acertadas» o «erróneas» desde un punto de vista moral. No son más que para protegerte, para proteger tu individualidad o tu inversión de tiempo y energía. Tus condiciones indispensables te permitirán establecer relaciones y amistades sanas con personas que sean más compatibles contigo en lo relativo a tus valores y metas personales.

Afírmate sin pedir disculpas. En tanto que PAS, se nos ha condicionado para pedir disculpas por nuestras ideas, emociones y reacciones, por lo que convendrá que nos afirmemos sin sentirnos culpables por reivindicar nuestros derechos. Una disculpa socaba nuestro derecho a protestar ante comportamientos injustos y mina nuestra posición. Tú puedes afirmarte de una manera calmada y racional, sin tener que minimizar la fuerza de tu aserción. Discúlpate sólo cuando hayas hecho algo equivocado. Si tienes el hábito de decir «Lo siento» incluso en circunstancias en las que no has cometido un verdadero error, adquiere el hábito de preguntarte a diario: «¿Esto requiere realmente una disculpa?». Si no es así, aprende a sustituir el «Lo siento» por «Es lamentable». Puedes mostrar tu decepción por el hecho de que las circunstancias no hayan sido las ideales; pero si no has sido responsable de esas circunstancias, no tienes por qué pedir disculpas a nadie.

Ratifica y repite si se te cuestiona. Con cualquier límite o frontera, existe la posibilidad de que se te cuestione desde el principio, sobre todo si estás tratando con una persona tóxica. Ahí es donde tenemos que aplicar la técnica del disco rayado, de la que ya hemos hablado, y tendremos que mantenernos firmes en nuestra frontera, por mucho que la persona tóxica intente darnos la vuelta. Como hemos visto, la técnica de la repetición funcionará de manera diferente según el tipo de persona que tengamos delante. Con los narcisistas malignos, la repetición no siempre es necesaria, porque no son personas que estén dispuestas a reflexionar. En este caso, será mejor que reiteres tus acciones, poniendo tus límites claramente y presentando las consecuencias de su transgresión de forma coherente (ya sea ausentándote o mediante consecuencias legales, si se tercia).

Implementa de forma práctica y segura. No basta con saber cuáles son tus fronteras; tendrás que hacer uso de ellas. Pon tus límites sin perder de vista su practicidad y tu seguridad. Discernir lo que mejor te funciona en determinadas situaciones o con personas concretas precisa práctica, ensayo y error. Si has puesto mucho de tu parte en una relación o amistad con alguien que *no* es una persona narcisista maligna, por lo general bastará con afirmar tus límites para que esa persona tome conciencia de qué ocurrirá si se traspasan. Por ejemplo, quizás tengas que poner límites con una amiga extravagante diciéndole que, si no te ha confirmado sus planes llegado determinado momento, pedirás a otra persona que te acompañe.

Sin embargo, pueden darse otras situaciones en las cuales sea conveniente implementar una frontera de forma inmediata, una frontera que deberá ser *comprendida implícitamente.* Por ejemplo, si tu límite es que no vas a permitir que nadie te hable de forma condescendiente, la próxima vez que quedes por vez primera con alguien que te trate con desdén, podrías optar por levantarte y no volver a ver a esa persona. Aunque dispongas de la opción de explicarle por qué te vas en esa situación, si sientes que vale la pena hacerlo, no es necesario que lo hagas con un desconocido cuando aún no has invertido nada en la relación.

De hecho, habrá situaciones en las que será mejor que pongas los límites sin hablar de ello de manera abierta. ¿Como en qué ocasiones? Pues, por ejemplo, cuando no conozcas a una persona todavía y no sepas de lo que es capaz. Toma el ejemplo de antes: la persona con la que has quedado para salir ha traspasado ya una de tus fronteras antes siquiera de haber establecido conexión con ella. Si esta persona no es capaz de entender las reglas básicas de la decencia y el respeto humano desde el mismo comienzo de la relación (en la «fase de luna de miel», cuando se supone que todo es ideal y positivo), la situación no podrá más que ir a peor a partir de ahí, de manera que no tiene sentido dar explicaciones. Que mejore o cambie no es responsabilidad tuya. Es una persona adulta, y es responsable de su propio comportamiento. Si te enfrentas a una toxicidad como ésa, tu deber con respecto a *ti mismo* es abandonar con rapidez tal interacción.

Las personas narcisistas malignas ponen a prueba tus límites muy pronto. Pero no olvides que la palabra «no» es, en sí misma, una oración completa, no una invitación a la negociación. Si alguien intenta con insistencia negociar tu «no», se hará del todo evidente hasta qué punto está dispuesto a infringir tus límites para satisfacer sus propias necesidades.

Vete si no hay respeto. Si no se respetan nuestras fronteras una y otra vez, o si vemos asomar las banderas rojas, convendrá que abandonemos la relación de forma segura. Puede que tengas que hacer una lluvia de ideas antes de dejar tu puesto de trabajo mientras buscas otro empleo. Es posible que tengas que establecer un plan de seguridad para abandonar a tu abusador, con la ayuda de un terapeuta y con los recursos de un refugio de violencia de género. Convendrá que te prepares para ir alejándote si alguien se niega a respetar tus fronteras y tus derechos. No tienes por qué vivir en la fosa séptica de la disfunción de otra persona.

Ponte a salvo y prioriza tus cuidados personales. Muchas PAS, sobre todo aquellas que han sufrido abusos o abandono emocional en la infancia, suelen desatender sus propias necesidades con el fin de satisfacer los deseos de los demás. Desarrollan una especie de «complejo salvador» por el cual se sienten impulsadas a rescatar a los demás o a representar el papel de cuidador de forma rutinaria. Esto es especialmente cierto si crecieron junto a un progenitor que padecía alguna adicción o alguna enfermedad mental.

Debido a nuestra alta sensibilidad y empatía, las PAS somos devotas «salvadoras» de los demás, pero nos olvidamos de salvarnos a nosotras mismas. Tal mentalidad interfiere con nuestra capacidad para establecer fronteras sanas. Creemos que tenemos la responsabilidad de «arreglar» a los demás y terminamos implicándonos en relaciones tóxicas que no nos aportan nada positivo. Las únicas personas que se benefician de estos asuntos unilaterales son aquellas a las que les estamos dando constantemente. Y si estás lidiando con una persona tóxica, convendrá que priorices tus propios cuidados personales. Tú no eres el terapeuta personal de nadie (a menos que *seas* terapeuta, en cuyo caso seguirás teniendo que poner límites profesionales con tus clientes). Esto no va de ser egoísta. De hecho, si pones tu bienestar en primer lugar, podrás ayudar a los demás con más energía y efectividad que de otro modo, si agotas tus recursos por completo.

El acrónimo BOUNDARIES ofrece las líneas generales para tratar con todo tipo de persona tóxica, lo cual significa que tendrás que adaptar los pasos correctamente, dependiendo de si estás tratando con una persona tóxica benigna o maligna. Sea como sea, el objetivo es pasar desde una PAS sin poder a una PAS con poder (véase un interesante diagrama en el que se diferencia entre los dos tipos en www.newharbinger.com/45304).

REFLEXIÓN PARA EL DIARIO: **Prevé el establecimiento de fronteras**
Recuerda algún momento en tu vida en que alguien transgrediera alguna de tus fronteras. ¿Cómo te sentiste? ¿Qué podrías hacer la próxima vez que alguien violentara así uno de tus límites?

Ejemplo: «Un amigo mío me faltó al respeto cuando traspasó una de mis fronteras, poniéndome motes insistentemente a modo de «broma». Y, aunque le dije que me sentía mal cada vez que hacía eso, él siguió poniéndome motes. A partir de ahora, la próxima vez que alguien me ponga un mote o me falte al respeto le daré una oportunidad para que deje de hacerlo. Si no lo hace, dejaremos de ser amigos o cortaré todo contacto con esa persona».

Carta de una PAS a una persona tóxica

Una de las herramientas más populares que he desarrollado ha tenido un gran éxito entre las personas empáticas de todo el mundo. Es una carta nuestra, de las PAS, a las personas tóxicas del mundo. Ante la duda, recurre a esta carta y utilízala a tu antojo para que no olvides por qué son importantes las fronteras y por qué son tan necesarias para tu cuidado personal.

Aunque me encanta ayudar a los demás, no soy responsable de tu vida ni tengo por qué depender de tu toxicidad. No tengo por qué hacerme responsable de que se disparen tus detonantes, de andar con pies de plomo o de decirte lo que quieres escuchar con el fin de que tengamos paz. No soy tu saco de boxeo emocional ni tampoco soy tu esponja emocional. No estoy en el mundo para darte placer o para que proyectes tu dolor sobre mí. Mi responsabilidad es conmigo mismo/a, ser yo mismo/a y ser fiel a mí mismo/a, sanar mis propias heridas, gestionar mis propios detonantes y cuidar de mí para poder darme a los demás de una forma auténtica, sin agotarme en el proceso. Mi responsabilidad es mantener unos límites sanos, sobre todo con aquellas personas que no lo están.

REFLEXIÓN PARA EL DIARIO: **El derecho a establecer límites**
Completa las dos oraciones siguientes con aquellas ideas que no quieras olvidar.

Tengo derecho a...
Ejemplos:
- Tengo derecho a decir que no.
- Tengo derecho a cambiar de opinión.
- Tengo derecho a que me traten con respeto.
- Tengo derecho a rechazar comentarios no solicitados, consejos no requeridos, presiones o ataques personales.
- Tengo derecho a abandonar una relación tóxica y abusiva.
- Tengo derecho a mis creencias, preferencias y opiniones, aunque los demás no estén de acuerdo con ellas.

Está perfectamente bien que me proteja...
Ejemplos:
- Está perfectamente bien que me proteja anulando un compromiso.
- Está perfectamente bien que me proteja pasando tiempo a solas con el fin de relajarme y recargar pilas.

- Está perfectamente bien que me proteja cortando con amistades tóxicas.
- Está perfectamente bien que me proteja pidiendo ayuda cuando me siento abrumado.
- Está perfectamente bien que me proteja aceptando cumplidos y rechazando insultos.
- Está perfectamente bien que me proteja confiando en mí mismo y en mis instintos.

NOTA: se puede encontrar una versión completa de este ejercicio en www.newharbinger.com/45304

Las tres banderas rojas

A la hora de evaluar la compatibilidad o potencial toxicidad de una pareja, amistad, colega de trabajo, jefe o miembro de la familia, fíjate en aquello en lo que esa persona se suele centrar en los siguientes escenarios.

1. Cuando hablas de tus más preciados sueños o anhelos, ¿te anima y apoya de forma consistente, o se centra en tus carencias y te somete a desprecios encubiertos y comentarios que no buscan otra cosa que amedrentarte?
2. Cuando sacas a colación cosas con las que estás forcejeando, ¿se dedica a validarte emocionalmente y está a tu lado, o cambia el foco de atención para volver sobre sí mismo o para avergonzarte o juzgarte, haciendo que te sientas incluso peor que antes?
3. Cuando celebras un logro, ¿aprovecha la ocasión para compartir tu alegría por el éxito, o lo minimiza, desinfla y sabotea tu felicidad?

Tres transgresiones y estás fuera

Ante la duda de si debes continuar con alguien o no, sigue la «regla de las tres transgresiones», inspirada por Martha Stout en su libro *El so-*

ciópata de la puerta de al lado.[9] Si una persona te trata mal una vez, no dudes en decírselo, y luego toma un poco de distancia para ver si lo vuelve a hacer. Si lo hace por segunda vez, empieza a retirarte de la relación, porque te está demostrando que no tiene ningún interés en respetar tus fronteras. Si lo hace tres veces, abandona la relación por completo.

Seguir esta regla en los primeros momentos de una relación con una persona puede ahorrarte toda una vida de sufrimiento, evitando que inviertas tu tiempo y tus anhelos en la persona equivocada durante demasiado tiempo.

También es una buena manera de evitar a los lobos con piel de cordero que intentan ocultar su naturaleza depredadora. Puedes establecer fronteras de forma más rápida y efectiva si reconoces pronto las banderas rojas.

EJERCICIO: **Lista de comprobación de los cuidados personales básicos**

También es importante que *te pongas fronteras,* pues conviene que nos pongamos límites a la hora de hablarnos a nosotros mismos o de cuidarnos. No olvides lo fundamental: que los cuidados personales pueden suponer la diferencia entre un buen día y un día estresante. Haz fotocopias de la siguiente lista de comprobación o bien reconstrúyela en tu ordenador personal o tu teléfono inteligente, de tal modo que puedas comprobar a diario si estás atendiendo a tus propias necesidades fundamentales:

☐ ¿He comido hoy?
☐ ¿Me he duchado?
☐ ¿He paseado para disfrutar del aire y del sol?
☐ ¿He cuestionado amablemente mi propia cháchara mental negativa?
☐ ¿He hecho ejercicio?

---

9. Editado por Ediciones Obelisco, 2019.

- ☐ ¿He puesto un poco de orden o he mejorado mi entorno de algún modo?
- ☐ ¿He escrito cinco cosas por las cuales siento agradecimiento?
- ☐ ¿He meditado?
- ☐ ¿Me he mostrado compasión?
- ☐ ¿He validado mis emociones?

CAPÍTULO 6

PREPARA TU ARSENAL

Estrategias de cuidados personales y habilidades para replantearte las cosas en la vida cotidiana

Las PAS pensamos y respondemos a través de vías emocionales, por lo que nos vendrán bien algunas habilidades que nos permitan replantearnos las cosas con el fin de reestructurar creencias perjudiciales que quizás fomenten los hábitos de conducta complaciente y los pensamientos saboteadores que nos restan asertividad. La capacidad para replantearse una situación con el fin de gestionar un conflicto y marcar límites es crucial para nuestro bienestar.

Como PAS, disponemos de magníficos instintos que nos pueden facilitar la relación con las personas tóxicas con las que nos encontramos. Captamos con rapidez los estados emocionales de los demás, percibimos cosas muy sutiles en el entorno y evaluamos de forma precisa y profunda la situación que tenemos ante nosotros. El problema es que las PAS se cuestionan a ellas mismas más que el resto de las personas, y se culpabilizan porque se les dice una y otra vez que son «demasiado» sensibles. Pero es *muy* importante que no nos culpabilicemos por los comportamientos tóxicos de otras personas, sobre todo por los abusivos, que nos confunden con su luz de gas para que sigamos sujetos a situaciones malsanas en vez de buscar la manera de protegernos. Si no nos cuestionamos las creencias que, inadvertidamente, les facilitan el trabajo a las personas manipuladoras, nos resultará más difícil salir de situaciones tóxicas.

Muchas PAS buscan terapia o *coaching* con la esperanza de que alguien valide sus experiencias, valore su sensibilidad y escuche su sufrimiento. Por desgracia, eso no siempre ocurre si determinadas habilidades para replantearse las cosas se utilizan de forma inadecuada para invalidar la percepción que una PAS tiene de la situación. Ésta es la razón por la que, en este capítulo, vamos a adaptar algunas estrategias terapéuticas para que las PAS adquieran confianza en sí mismas, establezcan fronteras, desarrollen una sana asertividad y aprendan una buena gestión de los conflictos. Puedes incluso replantearte creencias perjudiciales sin invalidar tu intuición, tus experiencias y emociones.

Convendrá replantearse las distorsiones cognitivas que generan una visión «defectuosa» de una situación. Estas formas de pensar distorsionadas pueden parecer racionales y precisas, pero lo cierto es que nos mantienen atrapados en la negatividad, tanto si esa red de negatividad nos la echamos encima nosotros mismos como si lo hace una persona tóxica. A medida que vayas recorriendo las distorsiones cognitivas más habituales en las que caen las PAS, fíjate si reconoces alguna de ellas en tu propia vida.

El pensamiento en blanco y negro

El pensamiento en blanco y negro nos lleva a identificar algo como «del todo bueno» o «del todo malo», sin tener en cuenta la complejidad o los matices de una situación. Las PAS nos vemos de esta manera. Vemos a nuestros manipuladores como «del todo buenos» a pesar de su encanto superficial y a su falsa máscara, y con ello nos perdemos las banderas rojas de su comportamiento. Por otra parte, nos vemos como personas «demasiado sensibles» y «reactivas», y a nuestros manipuladores como «lógicos» y «serenos», cuando, de hecho, existen más dimensiones en nuestras reacciones e interacciones de las que nos podamos percatar. Gracias a nuestras capacidades intuitivas, podemos captar detalles sutiles tanto en las personas como en los contextos. Pero tendremos que reconocer que, aunque pueda haber situaciones en las que solemos reaccionar de una forma reactiva, la mayor parte del tiempo discernimos correctamente los comportamientos e intenciones de una persona tóxica.

El pensamiento catastrófico

Esta distorsión nos lleva a magnificar las situaciones y los resultados negativos que creemos que éstas tendrán. Las PAS tienden a pensar que reivindicarse a sí mismas va a provocar una catástrofe. La ansiedad que los conflictos nos generan nos lleva a pensar que, si no complacemos a los demás, estaremos «condenados» a vivir solos para siempre. Nos decimos cosas como: «No me puedo enfrentar a ella. ¡Es mi jefa! Si no está de acuerdo, querré que la tierra me trague. ¡Me moriría!», o bien «No puedo decírselo, se va a enfadar, y no sé cuándo se me va a presentar otra oportunidad así». Tenemos también miedo a concluir una relación íntima, de manera que damos marcha atrás y abandonamos nuestras fronteras con el fin de conservar la relación, por dañina que ésta sea.

La personalización

La personalización supone atribuirse a uno mismo las decisiones, las preferencias o los acontecimientos externos de otra persona. Tú puedes personalizar el rechazo de otra persona, por ejemplo, como un indicador de tu autoestima o atractivo, desestimando las evidencias que prueban que eres una persona deseable. También puede suceder que creas que «llevaste» a alguien a reaccionar de una forma tóxica o asumas la responsabilidad de calmar las emociones de otra persona. Es probable que ocurra esto si estás interactuando con un individuo manipulador que te acusa de *sus propias* conductas abusivas o afirma que fuiste tú quien las «provocó». Las PAS asumen el rol de «cuidadores emocionales» y se olvidan de que la responsabilidad de los actos y reacciones de los demás recaen sobre ellas mismas.

La lectura mental

En esta distorsión cognitiva, presumes de saber lo que otra persona está sintiendo y pensando. Las PAS suelen proyectar su propio sentido de la moralidad y de la conciencia sobre las personas tóxicas, que son drásticamente diferentes en su manera de pensar y sentir. Una buena manera de «leer la mente» con precisión es observar los patrones de comportamiento de una persona tóxica, en vez de quedarte con sus palabras o con la imagen ideal de quién desearías que fuera. Su comportamiento lo dice todo. ¿Insisten mucho en que cambies de opinión aunque digas que no? ¿Te acechan y acosan enojándose con facilidad? ¿Muestran un comportamiento de calor y frío al tiempo que afirman que tú eres su máxima prioridad? Si existe una gran discrepancia entre su encantadora fachada de buenas intenciones y sus dañinos actos, ése será un buen indicio de que no son las personas que afirman ser.

Cómo replantearte las distorsiones

He aquí un proceso directo que cuestiona las distorsiones cognitivas que tienes acerca de ti mismo, llevándote a una esfera positiva en cuatro pasos fáciles de seguir:

1. Identifica una distorsión sobre la cual trabajar.
2. Toma nota de las evidencias que encuentres tanto a favor como en contra de esa distorsión, incluyendo el posible origen de esa creencia (quizás son creencias que tus progenitores te transmitieron, o es posible que sea la consecuencia de una experiencia de la infancia o de alguna relación del pasado).
3. Replantéate la distorsión y encuádrala dentro de un punto de vista más equilibrado.

4. Piensa en cómo puedes cambiar de comportamiento para ajustarlo a esta perspectiva más equilibrada, de tal modo que te afecte positivamente.

Aunque me he encontrado con miles de patrones de pensamiento distorsionados en mi trabajo con las PAS, he elegido tres de los más habituales para ofrecer una idea del aspecto que tiene replantearse tales distorsiones en la vida real. Pero ten en cuenta que esto no son más que ejemplos; tus distorsiones podrían ser completamente diferentes, de modo que convendrá que adaptes el contenido de estos ejemplos a tus propias experiencias y necesidades.

Distorsión de muestra 1: no puedo confiar en mí mismo/a

Las evidencias a favor de esta afirmación podrían ser: en la infancia, me hicieron luz de gas para hacerme creer que no podía confiar en lo que escuchaba, veía, sentía o experimentaba. En el pasado he permitido que algunas personas tóxicas se introduzcan en mi vida y se aprovechen de mí.

Las evidencias en contra de esta afirmación podrían ser: sentí cierta incomodidad y desconfianza cuando conocí a esas mismas personas. Tuve la sensación de que había algo en ellas que no cuadraba, pero no escuché lo que mi intuición me decía. Todo mi organismo sintió el peligro, pero lo desestimé pensando que sería paranoia. Son muchas las veces en que he tenido una intuición y la he ignorado.

Replantearse la distorsión: aunque se han aprovechado de mí en el pasado, eso no significa que no pueda confiar en mí mismo/a. Gran parte de mis intuiciones son acertadas, y no las he seguido porque me negaba a reconocer el comportamiento tóxico de la otra persona y las banderas rojas de advertencia. Ahora ya sé que puedo confiar en mí y que puedo tomar decisiones mejores cuando estoy en disposición de hacerlo.

Cambio de comportamiento: la próxima vez que tenga una corazonada acerca de algo intentaré confiar en ella en vez de racionalizarla, negarla o minimizarla. Escucharé lo que mi cuerpo me dice y actuaré en consecuencia.

Distorsión de muestra 2: no puedo decir que no porque la gente me detestaría

Evidencias a favor: en la infancia recibí castigos por parte de figuras de autoridad y compañeros por negarme a complacer sus injustas demandas. Hay personas de mi pasado que decidieron alejarse de mí cuando intenté reivindicar mis derechos. Cuando digo que no, me arriesgo a recibir un reproche, presión o a que se me menosprecie.

Evidencias en contra: también ha habido gente encantadora en mi vida que ha respetado mis deseos y no ha intentado coaccionarme cuando percibían mi desasosiego. Las personas que me abandonaron cuando intenté defender mis derechos han terminado embaucando y aprovechándose de los demás.

Replantearse la distorsión: las personas que me castigan por decir «no» son exactamente esos asaltalímites que no necesito para nada en mi vida. Hay gente de sobra en el mundo que está dispuesta a respetar mis deseos y que no me va a presionar en mi incomodidad. Tengo que reivindicar mis derechos y decir que no me resulta beneficioso a largo plazo, pues me protege de las personas explotadoras.

Cambio de comportamiento: cuando alguien reaccione airadamente a causa de mi negativa o intente hacerme cambiar de opinión con insistencia, lo tomaré como una evidencia más de que se trata de una persona tóxica. Limitaré el contacto con la persona que intente hacer esto, o puede que incluso me desvincule de ella por completo.

Distorsión de muestra 3: todo el mundo intenta hacer las cosas lo mejor que puede, por lo que yo no debería juzgarlos

Evidencias a favor: he conocido a muchas personas empáticas que han cometido errores, igual que los cometo yo. Cuando me he reafirmado y les he llamado la atención por su comportamiento, han intentado mejorar su manera de proceder.

Evidencias en contra: también he conocido a mucha gente con patrones de conducta tóxica muy arraigados. Y, a pesar de expresarles el dolor que me habían causado, no pidieron disculpas ni hicieron nada por mejorar su comportamiento. Son personas que no hicieron las cosas lo mejor que pudieron. Sólo miraban por su propio interés.

Replantearse la distorsión: existen personas empáticas en el mundo que *están* haciendo las cosas lo mejor que pueden y, sin embargo, cometen errores. No obstante, confío en mi intuición para discernir entre personas empáticas como éstas y personas tóxicas, que rara vez asumen responsabilidades por su comportamiento destructivo. Para mí, estas personas no merecen una segunda oportunidad.

Cambio de comportamiento: en vez de aplicar a toda la gente el cliché de «todo el mundo intenta hacer las cosas lo mejor que puede», diferenciaré entre personas que cometen errores y personas que me hacen daño una y otra vez sin responsabilizarse por sus actos. Levantaré fronteras y limitaré el contacto con estas últimas. No es una cuestión de ir juzgando por ahí a la gente, sino de discernir quiénes son realmente. Voy a diferenciar entre las personas que son sanas para mí y las que son tóxicas, y voy a tratar con ellas de forma consecuente.

Se pueden encontrar algunos ejemplos más de distorsiones y la manera de repleanteárselas en www.newharbinger.com/45304. Allí hallarás también el proceso de cuatro pasos para reenmarcar las distorsiones, de tal modo que puedas practicar este método, junto con la guía para aplicarlo ante el desafío que supone levantar fronteras, que es un reto crucial para las PAS.

Habilidades vitales para tolerar la angustia y hacer más eficaces las relaciones interpersonales

Las herramientas de las que acabo de hablar son útiles para gestionar pensamientos y creencias arraigados que nos perjudican, pero las PAS necesitan también estrategias concretas para situaciones de conflicto social agudo que pueden generar emociones intensas, pasándonos factura mental y físicamente. Las diversas «habilidades vitales» que presento a continuación para abordar tales situaciones están inspiradas en la terapia dialéctica conductual (DBT, por sus siglas en inglés), un enfoque desarrollado por Marsha Linehan (2014), que ha probado su eficacia entre poblaciones vulnerables que se enfrentan a emociones abrumadoras.

Habilidad vital 1: atención plena (**mindfulness**)

La atención plena nos ofrece una vía adecuada para que nos mantengamos en el instante presente, centrándonos en una sola cosa en cada momento. El *mindfulness*, al incorporar los principios del budismo zen, nos lleva a ralentizar el ritmo, a respirar a través del dolor y a no juzgar, con el fin de observar atentamente lo que ocurre a nuestro alrededor, describir lo que estamos sintiendo y participar de forma plena en todo cuanto sucede.

La atención plena se podría aplicar de las siguientes maneras:

- Tomándote un descanso de cinco minutos para respirar en medio de una conversación acalorada, para volver a la conversación cuando recuperes la calma.
- Conectándote con la tierra mediante el uso de los cinco sentidos para observar y describir lo que te rodea (imágenes, olores, sonidos), con el fin de no dejarte abrumar por una situación social novedosa.
- Regresando al instante presente en una situación social mediante la escucha activa de lo que la otra persona te está diciendo: fijándote en sus expresiones faciales, su tono de voz y en el entorno.
- «Desprendiéndote» poco a poco de los pensamientos con los cuales te juzgas para «absorber» todo cuanto te rodea.
- Tomando conciencia del anhelo que sientes por una adicción o un comportamiento compulsivo, visualizando el «flujo y reflujo» de tus impulsos a medida que aumentan en intensidad y pasan de largo, con lo que resulta menos probable que actúes de un modo impulsivo.

EJERCICIO: **La práctica de la atención plena**

Siéntate con las piernas cruzadas en una posición cómoda y respira profundamente, con inspiraciones largas, durante diez minutos. ¿Qué sonidos, olores y colores percibes en tu entorno? ¿Qué sientes? ¿Qué pensamientos aparecen? No juzgues tus emociones ni tus pensamientos, tan sólo imagínatelos como si fueran hojas que pasan por la superficie del agua de un río o palabras escritas en una nube.

Habilidad vital 2: regulación emocional

Esta habilidad vital reduce la vulnerabilidad al llevarnos hacia el bienestar mental y físico. La regulación emocional nos hace etiquetar las emociones con precisión y eliminar los obstáculos que exacerban nuestros estados emocionales. Redirige a la PAS para que evalúe qué necesidades se han obviado y qué se puede hacer para construir experiencias positivas y emprender acciones que mejoren el instante presente. Esta habilidad permite al individuo gestionar mejor sus emociones, sobre todo en momentos de adversidad.

La regulación emocional puede llevarse a cabo mediante:

- El mantenimiento de los patrones de sueño normales y de unos hábitos de alimentación sanos para reducir la vulnerabilidad física al estrés.
- El desarrollo de un régimen de ejercicio diario o semanal que te dé una salida física al estrés, así como una fuente natural de endorfinas para mejorar el ánimo.
- El etiquetado de cualquier emoción intensa que pueda surgir sin juzgarse ni resistirse; por ejemplo, «Me siento muy furiosa en estos momentos».
- El uso de lo que se denomina «reacción opuesta» para tratar con eficacia emociones abrumadoras; por ejemplo, si sientes mucha ansiedad, haz algo que te tranquilice, como dar un tranquilo paseo por la orilla de un hermoso río.

REFLEXIÓN PARA EL DIARIO: **La práctica de la regulación emocional**
¿Con qué tipo de ejercicio físico disfrutas más? Establece un plan de trabajo en tu rutina semanal.

Habilidad vital 3: tolerancia a la angustia y gestión de crisis

Esta área de habilidades se centra principalmente en inducirse calma a uno mismo, sobre todo durante momentos de crisis, angustia o estados de excitación emocional. En la gestión de crisis, podemos ejercitar la aceptación radical, concepto que nos encontramos al principio de este libro, que fomenta la aceptación neutra del instante presente y nuestras propias emociones, sin por ello dar nuestra aprobación a los actos dañinos de los demás ni actuar de manera impulsiva en reacción a circunstancias adversas injustas. Someterse a lo que es, sin aprobarlo, no significa pasividad. Todavía puedes realizar cambios en tu vida para mejorar las circunstancias. Aceptar es, simplemente, ver la situación por lo que es, no por lo que quisieras que fuera. Te deja espacio para abordar el problema en lugar de negar la situación o añadir una capa más de resistencia.

La tolerancia a la angustia y la gestión de crisis pueden adoptar alguno de los siguientes aspectos:

- Pensar en los pros y los contras de una situación para obtener una perspectiva más equilibrada; por ejemplo, «Este hombre que tanto me gustaba me ha traicionado. Estoy muy disgustada, pero, al mismo tiempo, me alivia haber descubierto su verdadero carácter antes de que sea demasiado tarde. Esta situación me ha enseñado mucho, y ahora ya no tengo por qué poner de mi parte en alguien que no es digno de mi confianza».
- Aceptar radicalmente una situación por lo que es, en vez de resistirse a ella; por ejemplo, «Acepto radicalmente que estoy pasando por un divorcio. Acepto radicalmente mis emociones dolorosas. Esto es lo que hay».
- Inducirse calma y aliviar el instante con, por ejemplo, oración o visualización (hablaremos más del aspecto que puede tomar esto en la sección sobre el acrónimo en inglés VIBRANT, más adelante, en este mismo capítulo).

REFLEXIÓN PARA EL DIARIO: **La práctica de la aceptación radical**
¿En qué situación podrías trabajar la aceptación radical, sin tener necesidad de darle tu aprobación? Toma nota de algunas estrategias para abordar esa situación tal cual es, en vez de anhelar que pudiera ser de otra manera.

Habilidad vital 4: eficacia social
La eficacia social perfecciona nuestra capacidad para navegar de un modo saludable a través de los conflictos y de las interacciones sociales. Esta habilidad vital juega un papel crucial en la salud mental de las

poblaciones altamente sensibles, porque se centra en cómo validarnos a nosotros mismos y a los demás cuando es apropiado. Nos enseña a establecer límites de forma adecuada y a ver la perspectiva de la otra persona sin caer en el pensamiento del blanco y negro, al mismo tiempo que reafirmamos nuestras necesidades con confianza y plenamente conscientes.

La eficacia social puede darse cuando:

- Satisfaces con habilidad tus necesidades con una persona difícil.
- Desarrollas un plan de seguridad para salir de situaciones malsanas o peligrosas con abusadores.
- Te reafirmas con alguien que es receptivo a tomar en consideración tu perspectiva.
- Marcas límites de forma eficaz sin retroceder.

REFLEXIÓN PARA EL DIARIO: **La práctica de la efectividad social**
Piensa de qué modo puedes satisfacer una necesidad con una persona difícil de tu vida.

Dos acrónimos para cultivar las habilidades vitales en las PAS

Mientras cultivas las habilidades vitales ya esbozadas con anterioridad, estos acrónimos te pueden servir para pavimentar el camino hacia el éxito. El primero se forma con la palabra inglesa CREATES («crea», «genera»), que te ayudará a introducirte en lo que en terapia se denomina una «mente sabia» para abordar con eficacia emociones y situaciones difíciles. A través de estos pasos cultivarás las habilidades de tolerancia ante la angustia, que te facilitarán la gestión de una crisis.

Comunidad
Alivio temporal
Evalúa los avances
Acción

173

Recupera el control
Entretenimiento
Sentidos

Comunidad. Una magnífica manera de contrarrestar una crisis consiste en cambiar el foco de atención hacia dos aspectos cruciales de la vida: la retribución y la gratitud. El hecho de que las PAS seamos personas profundamente empáticas hace que aportar algo al mundo sea una manera magnífica de aprovechar al máximo nuestros dones y de canalizar nuestro dolor hacia un objetivo pleno de sentido. Cuando te acuerdas de toda la gente que está pasando privaciones y sientes gratitud por tener satisfechas tus propias necesidades, fortaleces tu salud mental. *Desvías* tu atención de la persona tóxica y la sitúas en algo mucho más elevado, fomentando las conexiones sociales con personas que realmente merecen tu energía y tu naturaleza generosa.

Puedes aportar a tu comunidad donando a una organización benéfica, poniendo en marcha una página web para concienciar sobre una causa que te toca el corazón, escribiendo un libro que ayude a otras personas a enfrentarse a situaciones adversas, haciendo voluntariado, ofreciendo tu ayuda a un amigo o a alguien menos privilegiado... Son innumerables las formas de ayudar a mejorar el mundo que nos rodea y mantener así tu conciencia abierta a un escenario mucho mayor.

Alivio temporal. Esto supone alejarse momentáneamente de la situación para obtener cierta distancia emocional durante un breve período de tiempo. Para concederte un alivio temporal, puedes visualizar una barrera física del tipo que sea que te aparta de la situación, situándola provisionalmente en una «caja» y negándote a darle vueltas en tu cabeza por el momento. Claro está que no es una solución a largo plazo, porque tendremos que abordar las emociones que nos provoca más pronto o más tarde, pero te dará un respiro ante el dolor hasta que estés de nuevo en disposición de afrontarlo.

Evalúa los avances. Cuando nos encontramos en modo crisis y tenemos la sensación de que las cosas sólo pueden ir a peor, es el momento ideal para dar un paso atrás y evaluar la situación. Podemos evaluar nuestros propios avances en la vida, o valorar y ser conscientes de que las circunstancias de la crisis a la que nos estamos enfrentando no son tan duras como pudieran parecer. Lo que cada uno decida evaluar dependerá de la persona en particular y de cómo reacciona ante diferentes tipos de evaluación. Por ejemplo, tú quizás valores mucho cómo ha cambiado tu vida en los últimos diez años, o bien te sirva de mucho comparar tus circunstancias actuales con las de alguien bastante menos afortunado que tú. Quizás estés pasándolo mal ahora, pero las cosas siempre podrían estar peor.

Sin embargo, hay PAS que pueden sentirse aún más angustiadas sólo de pensar en desgracias, de modo que quizás sea preferible que evalúe sus propios logros o los de otras personas. Cuando recordamos los casos de personas que han superado situaciones adversas parecidas, nos atrevemos a mirar el cuadro completo y alimentamos la esperanza de que las cosas puedan ir a mejor. Podemos ver con más claridad que todavía existen cosas positivas en nuestra vida *justo en este momento*. Examina lo que funciona para *ti* para sentirte mejor en este momento.

Acción. ¿Te acuerdas del uso que le dimos al término «acción opuesta» cuando hablábamos de la regulación emocional en DBT? Consistía en hacer algo opuesto al actual impulso o estado de ánimo como medio para combatir con eficacaia la emoción que nos angustia. Este enfoque reduce el comportamiento impulsivo y tiene un efecto positivo sobre tu estado de ánimo al no hacer otra cosa que darle la vuelta a la moneda. No tiene nada que ver con la evitación, que puede intensificar los síntomas relacionados con el trauma. Más bien, proporciona una calma momentánea en el instante presente. Si estás furioso, por ejemplo, haz algo que te calme (como asistir a un taller de meditación). Si estás triste, ponte una película de risa o busca un programa de humor.

Recupera el control. Este paso te permite olvidar durante un instante todo lo relativo a la situación y aferrarte a actividades que te distraigan hasta que estés en condiciones de afrontar plenamente el actual reto. Puedes sentirte absorto en la lectura de un libro, colocar piezas en un puzle o hacer algo creativo para recuperar el control de tu estado de ánimo. Puedes hacer una lluvia de ideas de pasos pequeños y prácticos para buscar ayuda y centrarte en lo que puedes cambiar, en lugar de darle vueltas y más vueltas a lo que está fuera de tu control. Por ejemplo, si acabas de sufrir una ruptura sentimental tremenda, puedes recuperar el control de la situación quitando de en medio todos los objetos que pueda haber en tu casa que te recuerden a tu ex y borrar su número de tu teléfono. Retirar de tu vista los estímulos desencadenantes de tu entorno inmediato va a reducir la tentación de intentar hacer las paces con esa persona tóxica, que podría hacerte aún más daño debido a tu acrecentada vulnerabilidad.

Entretenimiento. Sumergirse en actividades que te distraigan y que resulten agradables también puede proporcionarte alivio temporal. Las personas tóxicas quieren que nos centremos en nuestro dolor y en nuestro estrés, porque eso les da control sobre nosotros. Pues bien, no les des ese gusto. Haz espacio para el sano placer que te mereces. Con ello, le proporcionarás a tu mente un respiro ante la situación tóxica, a la que podrás volver más tarde, cuando tu organismo haya recuperado la estabilidad emocional. Ejemplos de esto serían ir a dar un paseo, o a correr, escuchar música relajante, apagar el teléfono, asistir a una clase de yoga, ir de compras, sumergirte en un juego, ver tu programa favorito de televisión o practicar tu afición favorita.

Sentidos. Céntrate en los cinco sentidos. Las siguientes pueden ser formas habituales de hacerlo: darse una ducha, caliente o fría; sostener un cubito de hielo en la mano; fustigarte con una banda elástica en la muñeca; o cualquier otro tipo de estímulo que sacuda tus sentidos y te distraiga, para que no actúes impulsivamente a partir de cualquier urgencia destructiva que te pueda acometer. O, si lo prefieres, tan sólo puedes tomarte unos instantes para adquirir plena conciencia de todas las imágenes, sonidos, olores y texturas que hay a tu alrededor, al mismo tiempo que respiras profundamente. Esto puede resultar muy útil para las PAS que se sienten muy abrumadas por la entrada de estímulos sensoriales.

REFLEXIÓN PARA EL DIARIO:

Aplica el acrónimo CREATES al reto al cual te estás enfrentando

Ahora deberías incorporar este acrónimo a tu vida, pero siéntete libre de trabajarlo con tu terapeuta, si lo tienes, para ampliar estas sugerencias y maximizar el impacto de la herramienta:

- Para potenciar tu sentido de **comunidad,** haz una lista con diez maneras de realizar una aportación a ella. ¿De qué modo se relacionan estas actividades con tu propósito en la vida? ¿Te sugieren algo por lo cual sentir agradecimiento? .

- Concédete un **alivio temporal** de los angustiosos pensamientos que te acosan, imaginando que una barrera te separa de esa situación agobiante, dejándote espacio para recuperar la calma. ¿Qué aspecto tiene?

- **Evalúa los avances** que has hecho en algunas áreas de tu vida, pero hazlo de manera realista, tomando en consideración estas preguntas: ¿qué métodos te funcionaron bien en el pasado para tratar situaciones desafortunadas o estresantes?, ¿se te ocurre alguien que sufriera una situación similar a la que te estás enfrentando tú ahora y saliera airoso de ella?, ¿hay personas que conozcan que se encuentren en una situación aún peor que la tuya, pero que parezca que la están afrontando con éxito? Estas historias, ¿qué te hacen valorar de tu propia vida?

- Emprende la **acción** opuesta para contrarrestar los efectos emocionales negativos que estás padeciendo en estos momentos. Nombra por escrito esas emociones y escribe a continuación una actividad que pueda evocar un sentimiento opuesto y la mejoría emocional que deseas conseguir.

- Piensa en, como mínimo, una actividad que puedas hacer ahora mismo y que te ayude a **recuperar el control** de la situación que te preocupa.

- Busca **entretenimiento** concediéndote un agradable respiro. ¿En qué actividades podrías sumergirte en estos momentos que te permitan eso?

- Para despertar tus **sentidos,** anota los nombres de los cinco sentidos en una hoja de papel y, junto a cada uno de ellos, haz

177

una lista de actividades físicas que te pueden ayudar a salir de esos pensamientos obsesivos que no dejan de rondarte por la cabeza.

Las personas altamente sensibles son proclives a experimentar emociones intensas, sobre todo en situaciones interpersonales estresantes. El segundo acrónimo que las PAS pueden emplear para abordar mejor la angustia se basa en la palabra inglesa VIBRANT, que te ofrece herramientas para mejorar el instante presente.

Visualización
Inspiración
Panorama general
Libérate
Pide ayuda
Cuídate
Tiempo

Visualización. Puedes visualizar que abordas con éxito cualquier circunstancia adversa a la que te enfrentes. Imagínate una escapada a algún lugar donde sientes realmente una profunda paz. Haz una lluvia de ideas sobre el aspecto que tendría la situación tras la mejoría. Todo esto ralentizará el pensamiento catastrófico y te permitirá abordar la situación con una sensación interna más calmada y de forma más centrada.

Inspiración. Motívate e inspírate mediante afirmaciones, palabras de ánimo y comentarios positivos que otras personas te hayan hecho. Crea recordatorios visuales y tangibles de estas fuentes de inspiración, de tal modo que puedas «verlas». Esto lo puedes hacer escribiendo notas que luego puedes llevar contigo, haciendo listas en tu teléfono móvil, o enmarcando material gráfico para situarlo en tu mesa de trabajo. Cuelga un tablón de corcho con tus afirmaciones favoritas y con fotos e imágenes de celebración, pon imanes en tu frigorífico con eslóganes que te conmuevan especialmente y escríbete una «carta de amor» con hermosas imágenes o pegatinas.

Panorama general. Busca un significado al dolor o al sufrimiento que estás padeciendo. Cuando experimentamos emociones intensas, nos desplomamos en medio de una sensación de indefensión aprendida. Pero si nos centrarnos en lo que se puede aprender de estas experiencias, nos empoderamos. En vez de decir: «Acabo de tener una cita terrible. Me voy a quedar sola para siempre», replantéate la siguiente experiencia: «Acabo de tener una cita terrible, lo cual me indica qué es exactamente lo que no quiero en una posible relación. No es más que otro recordatorio de que me merezco lo mejor y no tengo por qué aspirar a menos».

Libérate. Sumérgete en actividades que te rejuvenezcan, como el yoga y la meditación, para liberarte del estrés, relajarte y resetear tu cuerpo, sobre todo si está tenso. El trauma tiene la tendencia a quedar atrapado dentro del cuerpo. El yoga y la meditación pueden ser buenas salidas para «desintoxicarse» del impacto de situaciones negativas.

Pide ayuda. Ve en busca de personas dignas de confianza, como tu orientador, una amiga íntima o un miembro compasivo de la familia. Permite que te conforten, te validen y te animen. También puedes pedir ayuda a un poder superior. Dependiendo de tu fe o tus creencias espirituales, puedes recurrir a la oración para calmarte, aceptar y buscar ayuda en lo divino. También puedes invocar al universo o a tu yo superior para que te orienten.

Cuídate. Cuida de tu cuerpo y de tu mente de manera consciente. Consume alimentos sanos, descansa lo suficiente y opta por medios de comunicación positivos (evitando los *posts* polémicos en las redes sociales, así como noticias y personas tóxicas durante este tiempo de sanación). Céntrate en hacer las cosas de una en una para potenciar la atención plena. Por ejemplo, cuando estés ingiriendo una comida nutritiva, céntrate en disfrutar de ella en vez de echar mano del teléfono o mirar el correo electrónico. El cuidado elimina el exceso de distracciones y reduce la ansiedad de tener que abordar demasiadas emociones a la vez.

Tiempo. Tómate tiempo para recuperar la calma en cualquier conflicto, ya sea físicamente, marchándote a algún lugar, o mentalmente, distrayéndote durante un período de horas, días o incluso semanas, dependiendo de la situación. Utiliza ese tiempo para darte un baño de burbujas, meditar o pasear por la naturaleza. Aléjate durante el fin de semana o pasa todo un día con el teléfono apagado para evitar estímulos desencadenantes o conversaciones conflictivas hasta que estés en condiciones de volver a la situación complicada.

REFLEXIÓN PARA EL DIARIO: **Aplica el acrónimo VIBRANT al reto al cual te estás enfrentando**
Cuando utilices esta herramienta de estrategias de cuidados personales en tu vida cotidiana, tu período de desintoxicación se suavizará y se hará más efectivo.

- Para practicar la **visualización,** imagínate el aspecto que puede adoptar la paz para ti. Cuando te sientas abrumado, cierra los ojos e imagínate que vuelves al lugar donde más paz hayas sentido en tu vida.
- Busca **inspiración** recordando los mejores cumplidos y comentarios que te hayan hecho. ¿Cuál es el mejor consejo que te han dado? ¿Cuál es el mejor consejo que tú has dado? Haz un cartel con muestras de elogios y palabras de ánimo para que los leas a diario, o bien grábalos en tu teléfono con el fin de escucharlos todas las mañanas y todas las noches. Di todo eso para ti mismo, como si fueras tu mejor amigo o amiga.
- No pierdas de vista el **panorama general** ni las oportunidades de crecimiento discerniendo algunas lecciones de vida que puedas extraer de estas experiencias. Toma nota de distintas formas de replantearte las experiencias bajo una luz positiva sin invalidar el dolor que estás sufriendo.
- Intenta **liberarte.** Realiza una lista de actividades físicas que puedas hacer de inmediato y que te ayuden a liberarte de emociones dolorosas y del estrés tóxico.
- Puedes **pedir ayuda** en cualquier momento. ¿Qué consejos o consuelo necesitas escuchar en estos momentos?

- Elige una o dos actividades con las cuales **cuidarte** hoy mismo, sin distracciones. ¿De qué modo puedes eliminar distracciones de tu entorno?
- ¿Adónde puedes ir en estos momentos para asegurarte un período de **tiempo** de respiro donde encuentres el espacio necesario para ser simplemente tú?

CAPÍTULO 7

REFUGIO Y RECUPERACIÓN

Modalidades de sanación para las PAS

Para superar el trauma de la relación con una persona tóxica, la gente utiliza diversas técnicas mente-cuerpo con el fin de centrarse en sí mismas en el presente y sanar del pasado. Como ya mencioné en la introducción, me he pasado la mayor parte de mi vida utilizando estas técnicas para hacerme una persona más consciente, con los pies en el suelo, y capaz de enfrentarme cómodamente a una persona tóxica. También he supervisado a cientos de personas que leen mis libros acerca de distintas modalidades de sanación, y muchas de ellas me han confirmado que, recurriendo a las actividades de las que se habla en este capítulo, se han recuperado bien del impacto de las personas tóxicas.

Las PAS se pueden beneficiar de la experimentación con una amplia variedad de remedios, tanto tradicionales como alternativos, para gestionar la intensidad de sus emociones, enfrentarse a una crisis y procesar cualquier trauma que pueda estar afectando a su vida. Discutiremos a continuación las opciones que se ofrecen, con la mirada puesta en por qué funcionan, cuáles son sus ventajas y cómo aprender más acerca de ellas. Como siempre, asegúrate de consultar con un terapeuta para valorar mejor la modalidad de sanación que se adapte mejor a ti y a tus circunstancias concretas. No hay *packs* de «talla única». Lo que se ofrece aquí no son más que sugerencias.

Las terapias tradicionales

La terapia cognitiva conductual

La terapia cognitiva conductual (TCC) es una forma de psicoterapia que nos permite reformular emociones, conductas y pensamientos inadecuados. La TCC la desarrolló Aaron Beck en la década de 1960, y las investigaciones indican que es eficaz en casos de depresión, trastornos de ansiedad, trastornos de estrés postraumático y problemas de relaciones, todos los cuales pueden constituir dificultades potenciales para las PAS. Entre las estrategias de la TCC están identificar las distorsiones cognitivas, el juego de roles para preparar un conflicto anticipado, afrontar los propios miedos, aprender a calmar el organismo durante los períodos de estrés y utilizar habilidades de resolución de problemas y estrategias de gestión para las situaciones difíciles (Clark y Beck, 2011).

En el caso de las PAS, terapias como la TCC pueden ser útiles para identificar las distorsiones cognitivas, los pensamientos automáticos dañinos y los patrones de comportamiento relacionados con áreas como la intimidad, la autoestima, la seguridad, la confianza, el poder y el control provenientes de traumas interpersonales. Estos pensamientos y creencias suelen llevar a la persona a sabotearse a sí misma y a desarrollar «emociones manufacturadas», como la culpa o la vergüenza mal entendidas, que alimentan los síntomas postraumáticos. Se ayuda a la persona a poner en cuestión y replantearse creencias inadecuadas utilizando la reestructuración cognitiva. Con ello, comienzan a conducirse según un sistema de creencias más saludable y equilibrado en lo relativo a ellas mismas, los demás y el mundo.

Otros tipos de terapias que utilizan elementos de la TCC son la terapia de procesamiento cognitivo (TPC), que es una terapia basada en evidencias y que funciona bien en aquellas personas con síntomas de trastorno de estrés postraumático (TEPT), que ayuda a identificar y resolver creencias no adaptativas acerca del trauma y «puntos de atasco» que llevan a evitar comportamientos; y la terapia de exposición prolongada (TEP), que ayuda a la persona con TEPT a desensibilizarse poco a poco ante recuerdos, sentimientos y situaciones relacionados con el trauma.

Si deseas más información sobre la TCC, visita https://beckinstitute.org. Para más información sobre TPC y TEP, consulta https://cptforptsd.com y www.apa.org/ptsd-guideline/treatments, respectivamente.

Terapia dialéctico conductual

La terapia dialéctico conductual (TDC) es un enfoque basado en evidencias que desarrolló Marsha Linehan y que está diseñado para ayudar a las personas que sufren emociones intensas, que se hacen daño a sí mismas o tienen ideas suicidas. Este singular y completo tratamiento combina técnicas de atención plena orientales con métodos cognitivo conductuales. Como ya vimos en el capítulo 6, la TDC trabaja sobre cuatro módulos: (1) atención plena; (2) tolerancia a la angustia; (3) regulación emocional; y (4) eficacia interpersonal (McKay, Wood y Brantley, 2010). Se suele emplear con pacientes que padecen trastorno límite de la personalidad (TLP), aunque, como señala la terapeuta de traumas Arielle Schwartz (2017), muchas víctimas con TEPT complejo pueden ser diagnosticadas erróneamente con TLP. No obstante, las habilidades de TDC las puede usar cualquier persona.

Esta forma de terapia ayuda a la persona a regular y gestionar sus emociones, mejorar sus habilidades de eficacia interpersonal y conectar con la tierra en el instante presente durante una crisis. Las sesiones de grupo de TDC te permiten practicar y hacer juego de roles con las habilidades que has aprendido, ofreciéndote estrategias de gestión y comunicación para las interacciones con personas difíciles.

Como director ejecutivo de Psych Central, John M. Grohol, afirma las siguientes palabras: «La teoría de la TDC sugiere que los niveles de excitación de algunas personas en tales situaciones pueden incrementarse con mucha más rapidez que en el resto de los individuos, hasta alcanzar un nivel superior de estimulación emocional y precisando, por ello, una cantidad de tiempo significativa para recobrar los niveles de excitación habituales» (2019).

Las PAS, con sus elevados niveles de excitación y de capacidad de respuesta emocional, pueden beneficiarse mucho de la TDC. Y debido a que se abruman con el entorno y las situaciones sociales, pueden utilizar habilidades similares en cuanto a la tolerancia a la angustia y la regulación emocional para mantener la calma en situaciones de elevado conflicto y para poner límites de forma eficaz. Si tienes un historial de problemas de autolesiones, pensamientos suicidas, intentos de suicidio reiterados o emociones extremas y abrumadoras, convendría que te plantearas hablar con un terapeuta dialéctico conductual.

Desensibilización y reprocesamiento por movimientos oculares

La desensibilización y el reprocesamiento por movimientos oculares (EMDR, por sus siglas en inglés) es una forma de terapia en la cual se le pide a la persona que recuerde acontecimientos traumáticos o angustiosos mientras mueve los ojos de un lado al otro o se dan ligeros golpecitos con los dedos de izquierda a derecha. Esta técnica la desarrolló Francine Shapiro en 1989 al percatarse de que los movimientos de los ojos eran capaces de aliviar el impacto de recuerdos traumáticos perturbadores. La EMDR se fundamenta en la teoría del procesamiento adaptativo de la información (PAI), que supone que los traumas (entre los que se incluyen las experiencias adversas de la infancia o las relaciones tóxicas) se almacenan en la memoria de un modo disfuncional, y pueden dar lugar a un patrón no adaptativo de pensamientos, conductas y emociones. Estas experiencias traumáticas bloquean los mecanismos normales de procesamiento de la información que permitirían una autosanación o resolución natural.

La alternancia de la estimulación bilateral, como ocurre con los movimientos oculares o el golpeteo, hace que el procesamiento tenga lugar libremente, facilitando la reexperimentación activa del trauma en un espacio donde la persona se siente segura, a medida que los recuerdos angustiosos van perdiendo poco a poco su carga negativa. Como parte de su complejo proceso en ocho fases, la EMDR identifica también las creencias negativas acerca de uno mismo y del mundo que se desarrollaron a causa del trauma (por ejemplo, «No soy digno de amor» o «El mundo no es un lugar seguro»), y localiza las áreas del cuerpo donde se almacena todavía la tensión originada por el trauma. La persona comienza a integrar creencias más saludables para reemplazar las asociaciones negativas, y el trauma se reprocesa entonces de una forma que beneficia a la persona. Pruebas clínicas aleatorias con víctimas de traumas han demostrado que la EMDR es eficaz con este tipo de problemas. Las PAS con experiencias adversas en la infancia se pueden beneficiar en gran medida del procesamiento de los traumas de infancia con un terapeuta de EMDR, para aliviarse de sus cargas, de la intensidad y del impacto de los acontecimientos cotidianos. Para saber más acerca de esta técnica, visita www.emdria.org.

Terapia de liberación emocional

La terapia de liberación emocional (EFT, por sus siglas en inglés) la desarrolló Gary Craig en la década de 1990. De forma muy parecida a la acupuntura, la EFT estimula los puntos energéticos del cuerpo, pero sin el carácter invasivo de las agujas. Estos puntos de energía se conocen como «puntos de golpeo de los meridianos» y, cuando se golpean, liberan la energía atrapada por todo el cuerpo. Es una forma de desprenderse de viejos sentimientos y creencias destructivas, mientras se reemplazan por otras creencias más sanas y positivas.

Cuando se aplica junto con afirmaciones positivas, la EFT ayuda a reprogramar el modo en que pensamos y sentimos. Debido a que, según se afirma, determinadas emociones residen en lugares específicos del cuerpo, la EFT facilita la liberación de bloqueos energéticos al permitir que la energía electromagnética fluya con libertad por todo el organismo. Por su parte, las afirmaciones utilizadas validan el mecanismo protector de las emociones negativas, al mismo tiempo que empoderan a la persona para desprenderse de ellas. Para más información sobre la EFT, visita https://eft.mercola.com o bien lee *EFT Manual*, de Gary Craig (2011).

Hipnoterapia

La hipnoterapia utiliza la hipnosis para ayudar a las personas a realizar cambios conductuales y emocionales. Las PAS pueden recurrir a la hipnoterapia para serenar su sobreestimulado sistema nervioso y reestructurar sistemas de creencias destructivos, condicionamientos, recuerdos y heridas que quizás no tengan otra manera de llegar a la conciencia. La hipnosis es un estado alterado de consciencia similar al trance, en el cual somos susceptibles a la sugestión y, por tanto, podemos reprogramar con mayor facilidad la mente subconsciente. La hipnosis es también útil para tratar fobias, adicciones, dolores crónicos y recuerdos traumáticos asociados con TEPT.

Terapia de grupo

La terapia de grupo, dirigida por un profesional de la salud mental, es un espacio seguro en el cual hablar de tus luchas, miedos y traumas, mientras escuchas a otras personas sincerarse del mismo modo. Esto es importante porque las investigaciones demuestran que el apoyo social es uno de los factores más destacados en la recuperación postraumática (Carlson *et al.*, 2016). Puedes buscar grupos que se centren en la violencia de género, en el trauma o en cualquier otra área en la que tengas problemas en estos momentos. Las terapias grupales de TCC y TDC pueden ser excelentes para practicar tus nuevas habilidades y entablar un juego de roles constructivo con los demás. La expresión de nuestras emociones con otras personas nos proporciona la validación y el apoyo que quizás nunca hayamos podido tener en una relación tóxica, permitiéndonos sanar a través de la relación. También nos obliga a rendir cuentas ante el grupo acerca de nuestros progresos y cuidados personales.

Grupos de apoyo

Si lo estás pasando mal con una relación abusiva y disfuncional y tienes problemas para establecer fronteras protectoras, un grupo de apoyo te puede ayudar a validarte y puede darte ánimos en tu viaje de recuperación. Muchos supervivientes se han beneficiado de estas reuniones y de los programas de 12 pasos (que pueden ser muy útiles para «desintoxicarse» de una pareja narcisista). Busca «PAS» o «empáticos» para encontrar grupos con personas que, al igual que tú, forcejean con su alta sensibilidad.

Modalidades de sanación suplementarias no tradicionales

Yoga

Según diversas investigaciones, el yoga es un tratamiento complementario potente y eficaz para personas que padecen TEPT (Kim *et al.*, 2013; Rhodes, Spinazzola y van der Kolk, 2016; Zalta *et al.*, 2018). En estos casos, alivia los síntomas disociativos, controla la desregulación afectiva y reduce la tensión en todo el organismo. El yoga, al reconectarnos de una manera tan intensa con el cuerpo, combate la parálisis que experimentamos tras haber sido traumatizados. Por otra parte, incrementa la atención plena de la conciencia, llevando a la persona a sentir cierta «seguridad y dominio» sobre su cuerpo, y ofreciéndole recursos para interpretar de forma productiva los intensos estados fisiológicos que se generan cuando se vuelve a experimentar el trauma (van der Kolk, 2014). Esto resulta especialmente valioso para las personas que han sufrido abusos físicos y sexuales, y es en gran medida curativo para aquellas personas que están recuperándose de un terror emocional.

Personalmente, me encanta el hatha yoga y el vinyasaflow yoga caliente. Si eres principiante, te recomiendo que asistas a una clase de iniciación antes de intentarlo con clases más avanzadas. O bien, si padeces lesiones físicas, infórmate acerca del yoga restaurativo.

Meditación

Como recordarás por anteriores secciones, el trauma genera unos cambios muy concretos en el cerebro, bloqueando la comunicación entre las secciones más emocionales del cerebro y los lóbulos frontales, que controlan el funcionamiento ejecutivo y la capacidad para organizar, planificar, pensar y tomar decisiones (van der Kolk, 2014). El trauma puede afectar de una manera muy seria al hipocampo y activar en exceso la amígdala, áreas del cerebro que guardan relación con las emociones, la memoria y el aprendizaje (Morey *et al.*, 2012). Pero la buena noticia es que las mismas zonas del cerebro que se pudieran ver afectadas por el trauma se pueden reorganizar a través de la meditación. Las investigaciones de la neurocientífica Sara Lazar, de la Universidad de Harvard, han demostrado que la práctica regular de la meditación durante ocho semanas puede literalmente cambiar el cerebro, reduciendo la actividad de la amígdala, que controla la respuesta de lucha o huida, y activando el hipocampo, que guarda relación con la regulación de las emociones y la formación de recuerdos (Lazar *et al.*, 2011). La meditación no sólo fortalece las regiones auditivas y sensoriales del cerebro, sino que también incrementa la materia gris en los lóbulos frontales, con independencia de la edad que se tenga.

Una meditación diaria de cuarenta minutos te llevará a abordar de una manera completamente distinta tus emociones, las relaciones que mantienes y tu sentido general de felicidad. La meditación es gratis y se puede practicar en cualquier lugar y en cualquier momento. Y, en contra de la creencia popular, la meditación no requiere que dejes de pensar, sino que observes los pensamientos, que los dejes llegar para luego ver cómo desaparecen. Lo único que necesitas es centrarte en la respiración y un lugar donde te puedas sentar en silencio para meterte en tu interior.

Busca en Internet los centros de meditación que pueda haber en la zona que resides. En cualquier caso, te dejo aquí algunos de los *podcasts* y canales que sigo, algunos de los cuales son canales de meditación y otros se dedican exclusivamente a la sanación de los abusos narcisistas. Si no se ofrece enlace a Internet, busca por el nombre en Google o YouTube.

- Meditation Oasis, por Mary y Richard Maddux. Es mi recurso de meditación preferido y con el que comencé mi viaje por la meditación. Magnífico para principiantes, pero también para expertos. Lo puedes encontrar en www.meditationoasis.com
- The Meditation Society of Australia. Descarga las meditaciones gratuitas en mp3 en https://download.meditation.org.au
- Canales de YouTube (utiliza el motor de búsqueda):
  - Lucy Rising. Ofrece meditaciones específicamente para supervivientes de abusos narcisistas.
  - Yellow Brick Cinema. Proporciona música relajante en general para la meditación.

- Joseph Clough. Conferenciante internacional e hipnoterapeuta. Ofrece meditaciones de autohipnosis y afirmaciones útiles para llevar la mente subconsciente hacia estados más positivos.
- Michael Sealey. El popular *youtuber* Michael Sealey proporciona una serie de meditaciones para dormir y autohipnosis para calmar la ansiedad.

La naturaleza

Sabemos que las personas tóxicas aumentan nuestros niveles de cortisol (hormona del estrés), pero, por suerte, existe una manera de contrarrestar eso. Las investigaciones científicas demuestran que la naturaleza es capaz de reducir los niveles de cortisol, aliviar el estrés, mejorar la concentración y levantar el estado de ánimo (Berman, Jonides y Kaplan, 2008; Mayer *et al.,* 2009). Hasta el mero acto de caminar descalzos sobre la tierra durante los meses cálidos puede mejorar el bienestar general y el sueño, al mismo tiempo que reduce el dolor y los niveles de estrés; la teoría de los beneficios de la «toma de tierra» sugiere que caminar descalzo nos conecta con los electrones de la tierra. También lo puedes hacer mientras cuidas del jardín, que es una actividad muy terapéutica, de atención plena, que te permite ver cómo se manifiesta externamente el crecimiento que anhelas en tu interior.

Algunas ideas para disfrutar de los beneficios diarios de la naturaleza son: programar un paseo matinal o vespertino diario; viajar a lugares con maravillosos paisajes naturales; darse paseos por la orilla de un río; ir a la playa; hacer excursiones; correr por un parque o por el bosque y comer en la naturaleza. Si el ambiente no es cálido, puedes «acceder» a la naturaleza de formas alternativas: ve de campamento y enciende una hoguera; siéntate junto a una chimenea; abre las contraventanas para que entre la luz del sol; contempla la caída de la nieve; o escucha el rumor de la lluvia. Escucha música de meditación en la que se integren sonidos de lluvia, cascadas u olas en el océano.

Masaje terapéutico

Las investigaciones demuestran que el masaje terapéutico reduce los niveles de cortisol e incrementa los niveles de serotonina y dopamina, elevando así el estado de ánimo; también reduce la depresión, la ansiedad, la irritabilidad y otros síntomas traumáticos (Field *et al.*, 2005; Collinge, Kahn y Soltysik, 2012). Estos efectos son en especial potentes entre las personas que más lo necesitan, como madres embarazadas deprimidas, personas enfermas de cáncer o con migrañas. Así pues, es posible que el masaje terapéutico sea potencialmente útil para aliviar los efectos secundarios somáticos del trauma. ¡Pero pon a trabajar tu creatividad! Prueba con masajes en los que se utilizan piedras calientes, aceites de aromaterapia, o incluso Reiki, en el cual el profesional te envía su propia energía curativa. Así, no sólo aliviarás la tensión en todo el organismo, sino que también obtendrás muchos beneficios para tu salud mental.

Sin embargo, no todo el mundo se siente cómodo con el contacto físico de una persona extraña, aunque sea un profesional, de modo que ten en cuenta siempre tus propios niveles de confort y tus estímulos desencadenantes cuando experimentes con diferentes modalidades de sanación. Lo que funciona para una PAS puede no irle bien a otra.

Llevar un diario y escribir

El trauma nos deja literalmente sin palabras en la medida en que desactiva el área de Broca en el cerebro, que es la sección responsable de la comunicación y la palabra (van der Kolk, 2014). Esto hace que muchos traumas se queden atascados y «congelados» en las zonas no verbales del cerebro. Por todo ello, llevar un diario puede ser una buena manera de volver a comunicarse, de involucrar a ambos hemisferios del cerebro mientras creamos una narrativa más coherente acerca de los traumas padecidos. En un estudio científico se ha descubierto que la escritura expresiva mejora el estado de ánimo en personas con TEPT y las lleva a cierto crecimiento postraumático (Smyth, Hockemeyer y Tulloch, 2008). Registra día a día tus pensamientos, emociones y las acciones asociadas en un diario, y compártelos con tu terapeuta si tienes uno. Es una forma útil de captar nuestros disparadores, patrones de pensamiento y comportamientos diarios, para después reflexionar sobre ellos.

Afirmaciones

Durante mis estudios de grado, llevé a cabo una investigación en la que entrevisté a víctimas de *bullying* que utilizaban una «narrativa de resiliencia» para canalizar sus traumas hacia el éxito profesional y personal. El uso de afirmaciones positivas para reescribir las narrativas negativas existentes es útil para aquellas PAS que tienen problemas de autoestima debido a sus experiencias con narcisistas y demás personas tóxicas. Las afirmaciones constituyen una parte central de muchas de las técnicas de sanación que se describen en este libro, y su uso es muy importante para sanar las heridas subconscientes, mediante la reprogramación de lo que pensamos de nosotros mismos, de nuestro potencial y del mundo que nos rodea.

Las afirmaciones son frases con las que interrumpimos los patrones de pensamiento habituales, inculcando mensajes positivos acerca de nosotros mismos y de la realidad que vivimos. Las investigaciones confirman que las afirmaciones positivas mejoran la resolución de problemas bajo estrés, mientras que las autoafirmaciones preservan nuestra integridad frente a las amenazas, permitiendo que nuestro «sistema inmune psicológico» se defienda (Creswell *et al.,* 2013; Sherman y Cohen, 2006).

En el caso de aquellas personas que padecen una baja autoestima, de TEPT o TEPT complejo, las afirmaciones positivas deben personalizarse con el fin de evitar estímulos desencadenantes. Si tienes serias dudas acerca de ti mismo, quizás sea mejor decirte cosas como «Elijo ser feliz», en vez de «Soy feliz», para que las nuevas creencias con las que estás trabajando se impregnen de manera suave y progresiva.

El ejercicio

Las personas que hacen ejercicio regularmente son menos propensas a sufrir ansiedad y depresión (Carek, Laibstain y Carek, 2011). Podemos reemplazar nuestra adicción bioquímica al caos y la locura de convivir con personas tóxicas por alternativas más saludables, que alimenten nuestro sistema de recompensas y reduzcan los niveles de estrés. Cuando liberamos endorfinas a través del ejercicio regular, acostumbramos a nuestro cuerpo al «drama» de sudar en la cinta de correr en vez de hacerlo con personas tóxicas y compañeros acosadores.

Para las PAS, es recomendable que lleven una rutina de ejercicios semanales o, incluso, diarios, pues el ejercicio no sólo es un tonificante natural del estado de ánimo, sino que las investigaciones demuestran que puede mejorar los síntomas del TEPT e incluso reducir las ideas suicidas en las personas que padecen *bullying* (Fetzner y Asmundson, 2014; Sibold *et al.*, 2015). El ejercicio también favorece el bienestar general y facilita las estrategias de gestión, dando a la persona traumatizada cierta sensación de esperanza y determinación, una imagen positiva de sí misma y una mejora en la calidad de vida (Caddick y Smith, 2017).

El ejercicio es también una forma sana de canalizar emociones intensas. Según los expertos en traumas, el trauma vive tanto en el cuerpo como en la mente, por lo que convendrá que encuentres al menos una forma de liberación física para las intensas emociones de pena, rabia y dolor que seguramente vas a sentir tras un abuso o un trauma. De esta forma, podrás combatir la parálisis que acompaña al trauma, dejándonos entumecidos y congelados.

Personalmente, me encantan el *kickboxing,* el yoga, la danza, el cardio y la carrera, mientras escucho una música enardecedora o afirmaciones positivas. Haz algo que te apasione y te encante hacer. No fuerces al cuerpo para que haga cosas con las que no se sienta cómodo o lo dejen exhausto. Utilizar el ejercicio físico como vía de sanación debe ser un acto de cuidado personal, no de autodestrucción ni de cháchara mental negativa.

Terapia de la risa

Según el investigador médico Lee Berk (1989), la pena provoca un incremento en la secreción de hormonas del estrés, como el cortisol, que interfiere en la respuesta del sistema inmune. Por otra parte, la risa reduce los niveles de estas hormonas y estimula la secreción de neuroquímicos que nos hacen sentir bien, como la dopamina. La risa también puede aliviar el dolor y fomentar el bienestar general, y ofrece numerosos beneficios para la salud. Por todo ello, las PAS deberían aprovechar todas las ventajas que la risa tiene para la salud. El yoga de la risa, por ejemplo, incorpora el uso de la risa voluntaria para obtener los mismos beneficios. Tómate tiempo todos los días para reír. Puedes ver una comedia en la televisión, buscar cuentas divertidas en las redes sociales, asistir a un espectáculo de humor improvisado, recordar momentos divertidos, ver vídeos o películas de humor o leer libros o relatos divertidos. Y cuando encuentres algo que te haga reír, no lo sueltes; el sentido del humor es diferente en cada persona, de modo que aférrate a aquellos tipos de humor que te lo hagan pasar verdaderamente bien.

Aromaterapia

La aromaterapia es un método de sanación alternativo en el que se utilizan aromas y aceites esenciales para mejorar el estado emocional y la salud. Se puede optar entre inhalar la fragancia o aplicar directamente en la piel los aceites diluidos. Según una terapeuta experta en masaje terapéutico y terapia sacro-craneal, Suzanne Bovenizer (2017), el sentido del olfato está conectado con el sistema límbico en el cerebro, que es donde se almacenan las emociones y los recuerdos. Los aromas estimulan esa parte del cerebro, liberando sustancias químicas que nos hacen sentir una mayor serenidad y relajación. La aromaterapia puede ser de gran ayuda con la ansiedad, que suele ser un componente clave de la angustia en víctimas de abusos narcisistas.

Puedes comprar aceites esenciales y un difusor para tu hogar, de tal manera que tengas la aromaterapia siempre a mano. Pero puedes acceder a este método de sanación de otras maneras: existen centros de yoga que ofrecen componentes de aromaterapia, y en muchas sesiones de masaje también se incorporan elementos de aromaterapia.

Personalmente, recomiendo tanto los aceites esenciales como el incienso. He aquí algunas recomendaciones sobre este tema:

- Set de Aromaterapia Artizen, con 14 aceites esenciales.
- URPOWER, difusor de aceite esencial.
- Varitas de incienso de aromaterapia: con todos los aceites esenciales naturales, ecológicos.
- El libro *Aceites esenciales y aromaterapia: Guía completa,* de Valerie Ann Worwood.[10]

---

10. Publicado por Ediciones Gaia, 2018.

Acupuntura

En su artículo «Stories of Healing Emotional Trauma in My Acupuncture Clinic» («Historias de sanación de traumas emocionales en mi clínica de acupuntura»), el acupuntor Nicholas Sieben (2013) escribe lo siguiente: «Según la teoría de la medicina china, el trauma reside en nuestro cuerpo. Se aferra a la sangre y los huesos, donde se incuba para provocar distintos síntomas físicos y mentales. De esta manera, para resolver el problema, tenemos que liberar al cuerpo. Tiene que haber una desintoxicación física».

La acupuntura es una antigua técnica de sanación china que se basa en la inserción de agujas en puntos concretos del cuerpo, con lo que se busca resolver una amplia variedad de dolencias físicas y psicológicas. Existen doce líneas de energía principales y ocho secundarias que fluyen por el cuerpo humano y que reciben el nombre de «meridianos», y el acupuntor se centra en determinados puntos a lo largo de esas líneas para resolver las dolencias físicas y/o emocionales que acosan al paciente. Para saber más acerca de la acupuntura, visita https://nccih.nih.gov/health/acupuncture/introduction

Intervención asistida con animales

Quizás no recibamos apoyo para nuestra naturaleza altamente sensible por parte de seres humanos, pero los animales nos ofrecen su aprobación y su amor de una manera incondicional. En un estudio sistemático acerca de investigaciones relacionadas con la intervención asistida con animales (IAA) y sobre sus efectos en supervivientes a abusos infantiles y en veteranos de guerra, se descubrió que el IAA, aplicado como complemento en el tratamiento de traumas, mitigaba la depresión, los síntomas del TEPT y la ansiedad (O'Haire, Guérin y Kirkham, 2015). Esto no le sorprenderá demasiado a ningún superviviente que haya experimentado mínimamente la terapia con animales, aunque haya sido tan sólo jugando o relacionándose con perros, caballos, gatos, conejos o pájaros.

Según Marguerite O'Haire y sus colegas, «con respecto a la intrusión, el mero hecho de que el animal esté presente supone un recordatorio reconfortante, el de que ya no existe peligro, y ofrece también una base segura para sumirse en la conciencia plena del presente». Las personas que sufren TEPT suelen padecer una especie de entumecimiento emocional, que los animales pueden aliviar evocando emociones positivas y cumpliendo el papel de «facilitadores sociales», reduciendo así la soledad y el aislamiento. Además, el mero contacto con animales incrementa los niveles de oxitocina de forma natural, con el marcado efecto que esta hormona del bienestar tiene en nuestro organismo.

Musicoterapia

La música puede regular nuestro estado de ánimo, reconectarnos con nuestras emociones más auténticas, reducir el ritmo cardíaco y la presión arterial, mitigar el estrés y aliviar la ansiedad. La música puede utilizarse incluso en terapia como ayuda en la recuperación de casos de adicción, en la mejora del funcionamiento social en pacientes con esquizofrenia y en la reducción de efectos secundarios en determinados tratamientos de cáncer.

Puedes informarte acerca de la musicoterapia hablando directamente con un profesional en este campo. En cuanto al uso de la música como herramienta para el cuidado personal, las PAS deberán tener en cuenta que sus necesidades pueden ser especiales. Las músicas suaves y calmantes pueden ser de gran ayuda para su ya sobreestimulado sistema nervioso. Sin embargo, hasta las PAS tienen «canciones de poder» que las llenan de energía, que elevan su espíritu de manera inmediata y que las motivan para enfrentarse al nuevo día. Haz una lista de canciones que te empoderen, te calmen, te relajen o te llenen de energía. Después, convierte en hábito escuchar música todos los días para centrarte y reconectar con la alegría de vivir.

La MEDICINA del cuidado personal

Para mantener un buen nivel de cuidados personales en tu vida en tanto que PAS, utiliza el acrónimo en inglés MEDICINE para reducir tu vulnerabilidad emocional. Esta herramienta contiene muchos recordatorios útiles para las PAS, que pueden descuidar su salud si se sienten abrumadas por las emociones y por el impacto de las relaciones tóxicas.

Apoyo medicinal
Comer con atención plena
Evitar las drogas
Intelecto
Cuidados
Idolatrar
Atender heridas y desencadenantes
Ejercicio

Apoyo medicinal. Las personas que padecen los efectos del trauma suelen enfrentarse a problemas de salud y afecciones médicas más severas y frecuentes. Esto puede deberse a la activación continuada de los senderos biológicos del estrés, como el eje hipotalámico-pituitario-adrenal (HPA), liberando un exceso de cortisol, la hormona del estrés, durante las respuestas de lucha o huida, con lo cual se reduce la actividad del sistema inmune (Pacella, Hruska y Delahanty, 2013). Por tanto, cuídate de cualquier enfermedad o dolencia que te haga sentir físicamente mal o angustiado.

> REFLEXIÓN PARA EL DIARIO: **Inventario médico**
> Haz una lista de cualquier problema de salud física o mental que puedas tener y que requiera de los cuidados y el tratamiento adecuados. Debajo de cada uno de esos problemas, anota los medicamentos y la información de contacto de cualquier terapeuta, grupo de apoyo o médico a quienes puedas llamar en caso de experimentar alguna dificultad con ese trastorno. Toma nota también de todos los factores que lo empeoran y las formas de evitar que se agrave. De este modo, abordarás de modo preventivo los problemas y posibles empeoramientos antes de que comiencen.

Comer con atención plena. La mente no va a poder recuperarse de los efectos que tiene el comportamiento de una persona tóxica si el cuerpo carece de los nutrientes necesarios para mantener un estado óptimo. Por ello conviene que te alimentes de una manera saludable y pensando en tu bienestar general. Busca nutricionista y elabora un plan de alimentación sano, adaptado para ti, es decir, para las necesidades concretas de tu organismo. En esa dieta quizás podrías incorporar jugos verdes a diario, o bien podrías incrementar la ingestión de frutas y verduras, reducir los excesos de lácteos o el consumo de cafeína, y beber mucha agua a lo largo del día para mantener la hidratación.

REFLEXIÓN PARA EL DIARIO: **Hábitos sanos**

¿Qué crees que tienen de sanos tus actuales hábitos alimenticios? ¿Qué te gustaría mejorar? ¿Qué hábito dietético sano podrías introducir en tu rutina diaria? Ejemplos: utilizar en los postres cacao crudo en polvo y estevia en lugar de azúcar; sustituir los almidones por alternativas bajas en carbohidratos, como la coliflor, grasas saludables y otras verduras; reemplazar la carne roja por proteínas magras, como el pollo, y utilizar leche de almendras en lugar de leche animal con el café matinal.

Evitar las drogas. La interacción con personas tóxicas puede llevar a muchas personas a intentar «adormecerse» con el uso de drogas, alcohol o incluso un exceso de cafeína y azúcar, todo ello con el fin de «arreglar» las cosas momentáneamente. Por otra parte, convendrá que evites las drogas que alteran el estado de ánimo, a menos que tengas una receta, mientras que el alcohol y el exceso de cafeína pueden obstaculizar tu recuperación en caso de inundación emocional y pueden causar incluso más problemas.

REFLEXIÓN PARA EL DIARIO: **Drogas sobreestimulantes**

¿Estás abusando de algún tipo de droga hasta el punto de necesitar tratamiento? ¿Con qué frecuencia recurres a la cafeína o al alcohol para levantar tu estado de ánimo? ¿Qué alternativas se te ocurren para reducir el consumo de cafeína o alcohol (ejemplos: tés e infusiones, ejercicio, bebidas con un bajo contenido alcohólico, agua con sabores)?

Intelecto. Cuida de tu estado mental, pues lo que consumes mentalmente es tan importante como lo que consumes físicamente. ¿Con qué clase de ideas y creencias alimentas tu mente a diario? Si tu cabeza está inmersa en una cháchara mental negativa, convendrá que busques la ayuda de un orientador y que lleves un registro de esos pensamientos en tu diario con el fin de reflexionar sobre ellos y cuestionarlos.

¿A qué cosas cedes espacio en tu mente? ¿Lees libros traumáticos, ves películas de terror, lees los *posts* en redes sociales de una expareja abusiva o vuelves a leer los mensajes de una antigua amistad tóxica? Si es así, limita este tipo de actividades o, aún mejor, elimínalas por completo de tu agenda. Bloquea a esa expareja en todas tus redes sociales, equilibra tu consumo televisivo añadiendo a la combinación comedias o películas desenfadadas, y lee libros que se centren en soluciones en vez de en problemas. También puedes reemplazar cualquier tipo de consumo tóxico en medios de comunicación o redes sociales con más cosas para levantar el ánimo, como grabaciones de audio con meditaciones relajantes o vídeos de animales adorables.

Si tienes problemas para concentrarte a lo largo del día, revisa tus patrones de sueño y cualquier patrón de pensamiento negativo que pueda estar perturbando tu mente. Descansar lo suficiente y establecer un programa de sueño regular es importante para que el cerebro pueda procesar la información a lo largo de todo el día y no llegue a sentirse abrumado.

REFLEXIÓN PARA EL DIARIO: **¿Qué estás consumiendo?**
¿Qué plataformas de redes sociales sigues y cuán saludables son? ¿Cuántas horas duermes cada noche? ¿Te dan ataques de pereza con frecuencia? ¿Puedes mejorar el entorno en tu dormitorio con el fin de hacerlo más relajante y tranquilizador? Piensa en la posibilidad de escuchar música calmante antes de acostarte, decorar con colores más suaves las paredes y los muebles de tu dormitorio, encender velas en vez de luces brillantes para aliviar la tensión ocular o utilizar almohadas de espuma con memoria.

Cuidados. Convendrá que hagas comprobaciones a lo largo del día para cerciorarte de que obtienes todo lo que necesitas, así como que lo hagas *en especial* tras una ruptura con una persona tóxica, porque estás pasando en esos momentos de ser su cuidador y confidente a ser el tuyo propio. Trátate como si fueras tu propio cuidador y consigue el apoyo de otros seres queridos que cuiden de ti cuando lo necesites.

Idolatrar. Son muchas las PAS que idolatran a *otras personas* y se olvidan de concederse ese mismo honor a sí mismas. Cuando le damos prerrogativas divinas a una persona tóxica en nuestra vida, nos olvidamos de nuestra propia divinidad, de modo que alimenta tu espíritu proporcionándote palabras de ánimo, elogios y atención compasiva. Hónrate y reverencia a la divinidad que hay en tu interior.

Según la escritora de libros de autoayuda Louise Hay (2016), el espejo nos puede resultar de gran ayuda en este tema. Todas las mañanas, mírate a los ojos en el espejo y hazte algún cumplido, diciéndote, por ejemplo: «Te quiero. Te adoro. Eres algo precioso, digno y valioso». Como alternativa, si crees en Dios o en un poder superior, puedes hacer también afirmaciones como: «Dios me ama. Soy un/a hijo/a de Dios. Sé que todo va a ir bien, porque el universo siempre cuida de mí». Sea cual sea la forma que adopten tus afirmaciones, estará bien y podrás personalizarlas para que encajen mejor con tus necesidades y creencias espirituales. Nútrete con afirmaciones gozosas y recuerda que tu hermoso espíritu trasciende tu forma física. La conversación positiva con uno mismo puede hacer maravillas con tu autoestima si la conviertes en un hábito diario.

Curar heridas y desencadenantes. Cuida de las heridas que tengas para que puedan sanar adecuadamente y evita cualquier cosa que pueda exacerbarlas (y no hablo tan sólo de heridas físicas). Realiza un inventario de todas las situaciones que puedan desencadenar una posible escalada o agravamiento y haz prevención activa. Por ejemplo, retira de entre tus amigos en Facebook a alguien que te haya escrito algún *post* ofensivo, o bien evita la ruta que pasa por delante de la casa de tu expareja cuando vayas a dejar a los niños a la escuela. Pide una sesión extra con un terapeuta en momentos de alta angustia emocional. O bien, en vez de tomar el tren que normalmente tomas para ir al trabajo, opta por pedir un taxi y relájate en el asiento de detrás cuando sepas que el día va a ser especialmente estresante y quieras comenzar la mañana bien. Medidas como éstas hacen de «cojín ante el golpe» para que los desencadenantes no empeoren la situación antes de que hayas tenido tiempo de procesar las cosas.

REFLEXIÓN PARA EL DIARIO: **Gestión de disparadores**
Haz una lista de diez desencadenantes y anota al lado formas de evitar su impacto o reducirlo.

Ejercicio. Disfrutar del aire fresco y hacer ejercicio cada día nos permite liberar endorfinas, levantar el ánimo y mantener el equilibrio emocional hasta en los momentos más duros, lo cual hace del ejercicio el método de alivio del estrés ideal cuando tratas con una persona tóxica. Una rutina de ejercicios diarios puede incrementar también la confianza en ti mismo si vas a tener que enfrentarte al desafío de reivindicarte ante acosadores y explotadores.

REFLEXIÓN PARA EL DIARIO: **Chute de endorfinas**
¿Con qué frecuencia haces ejercicio cada semana? ¿Todos los días? ¿Existe algún tipo de ejercicio fácil y conveniente que puedas realizar al menos treinta minutos al día (ejemplos: un paseo por el vecindario, salir a dar una vuelta en bici, bailar siguiendo un vídeo de coreografía)? ¿Cómo podrías equilibrar hacer ejercicio dentro y fuera de casa?

Existen muchas modalidades de sanación a disposición de las PAS, y todas las que hemos presentado aquí han sido muy eficaces en personas como tú. Lo que debes hacer ahora es ver cuáles de ellas funcionan en tu caso en cuanto a la satisfacción de tus propias necesidades.

Experimenta con enfoques tradicionales y alternativos. Te recomiendo que consultes con un terapeuta antes de poner a prueba cualquier modalidad que pudiera desencadenar efectos inesperados en tu caso. Lo importante es que recuerdes que los cuidados personales son una parte determinante del viaje que debe llevarte a convertirte en una PAS fuerte y a sanarte del impacto de una persona tóxica.

Las PAS que se dotan con las herramientas necesarias para enfrentarse al conflicto, para cuidar de sí mismas y para tratar de forma eficaz con individuos tóxicos pueden convertirse en verdaderos héroes y heroínas. Ahora ya sabes que nuestra personalidad altamente sensible nos convierte en objetivos naturales de los depredadores emocionales, conoces bien las tácticas de manipulación de las personas narcisistas y tóxicas, y has ahondado en la naturaleza adictiva de las relaciones con estas personas. A partir de ahora, pues, no pierdas de vista lo que ocurra ahí fuera.

Espero que este libro no sólo te haya ayudado a comprender la mentalidad y los comportamientos de las personas tóxicas, sino que también te haya dotado de las herramientas y los recursos que necesitas para tratar con ellas de forma eficaz, con más confianza en tus posibilidades y valorando tu propia sensibilidad. No olvides que el mundo necesita PAS como tú, personas que utilicen sus superpoderes para el mayor bien de todos. Pero tampoco olvides que no vas a poder salvar a nadie mientras no aprendas a salvarte y a respetarte a ti mismo.

AGRADECIMIENTOS

Gracias a todos mis maravillosos lectores y lectoras por el increíble apoyo que me han prestado desde que comencé a escribir sobre este tema en 2014, así como a los valerosos supervivientes que compartieron su historia conmigo. Quiero dar las gracias especialmente a mis esforzados progenitores, Rehana y Mohammed, que trabajaron de un modo incansable para que sus hijas pudieran alcanzar sus sueños en América. Estoy agradecida a mi hermana, Tania, que siempre me ha apoyado en mis sueños de ser escritora. Gracias a mis numerosos y magníficos profesores y mentores, que dieron forma a mi escritura e impulsaron mi desarrollo académico durante años: a Laura Polan, John Archer, Aaron Pallas, Holly Parker, Maureen McLane, Hope Leichter, Sarah Kleiman, James Uleman, Ellsworth Fersch, Elizabeth Malouf, Louise Lasson, Ronald Corbett y Karen Adolph. Gracias a James Zika, Terry Powell y Ángela García por apoyar mi desarrollo profesional.

Mi gratitud infinita a la sorprendente Andrea Schneider, trabajadora social clínica, por haber revisado este libro y por sus impagables palabras de ánimo. No puedo agradecer lo suficiente a las personas que abogaron por mí, por su generoso apoyo: Jackson MacKenzie, Pete Walker, Athena Staik, John Grohol, Annie Kaszina, Monica White, Kristin Sunanta Walker, Lisa A. Romano, Kim Saeed, Melanie Vann, Kris Godinez y otras muchas personas decidoras de verdad. Gracias a Thought Catalog, que me proporcionó la plataforma necesaria para que mi voz y mis escritos pudieran llegar a millones de personas, y a Psych Central por difundir mi mensaje.

Por último, estaré eternamente agradecida al profesional equipo de New Harbinger y a sus editores por traer a la vida este libro: Jess

O'Brien, que me proporcionó esta maravillosa oportunidad y me dejó boquiabierta con su bondad; Jennifer Holder, que se encargó de que mi voz brillara con eficacia para mis lectores; Cindy Nixon, que se las ingenió para pulir y dar brillo a este libro; y a todas las demás personas que contribuyeron al resultado final.

REFERENCIAS

Acevedo, B. P.; Aron, E. N.; Aron, A.; Sangster, M.; Collins, N. y Brown, L. L.: «The highly sensitive brain: An fMRI study of sensory processing sensitivity and response to others' emotions», *Brain and Behavior* 4(4): 580-594. 2014.

APA (American Psychiatric Association). *Manual diagnóstico y estadístico de los trastornos mentales: DSM-5*. Madrid: Editorial Médica Panamericana, 2014.

Archer, D.: «The danger of manipulative love-bombing in a relationship», *Psychology Today*, 6 de marzo. Consultado el 26 de enero de 2019. www.psychologytoday.com/us/blog/reading-between-the-headlines/201703/the-danger-manipulative-love-bombing-in-relationship. 2017.

Aron, A.; Melinat, E.; E. Aron, N.; Vallone, R. D. y Bator, R. J.: «The experimental generation of interpersonal closeness: A procedure and some preliminary findings», *Personality and Social Psychology Bulletin* 23(4): 363-377. 1997.

Aron, E.: *El don de la sensibilidad*. Barcelona: Ediciones Obelisco. 2006.

Bartels, A. y Zeki, S.: «The neural basis of romantic love», *NeuroReport* 11(17): 3829-3834. 2000.

Baumeister, R. F.; Bratslavsky, E.; Finkenauer, C. y Vohs, K. D.: «Bad is stronger than good», *Review of General Psychology* 5(4): 323-370. 2001.

Baumgartner, T.; Heinrichs, M.; Vonlanthen, A.; Fischbacher, U. y Fehr, E.: «Oxytocin shapes the neural circuitry of trust and trust adaptation in humans», *Neuron* 58(4): 639-650. 2008.

BECKER, G.: *El valor del miedo.* Barcelona: Ediciones Urano. 1998.

BEGG, I. M.; ANAS, A. y FARINACCI, S.: «Dissociation of processes in belief: source recollection, statement familiarity, and the illusion of truth», *Journal of Experimental Psychology: General 121*(4): 446-458. 1992.

BERGLAND, C.: «Cortisol: Why the 'stress hormone' is public enemy No. 1», *Psychology Today,* 22 de enero. www.psychologytoday.com/blog/the-athletes-way/201301/cortisol-why-the-stress-hormone-is-public-enemy-no-1. 2013.

BERK, L. S.; TAN, S. A.; FRY, W. F.; NAPIER, B. K.; LEE, J. W.; HUBBARD, R. W.; LEWIS, J. E. y EBY, W. C.: (1989). «Neuroendocrine and stress hormone changes during mirthful laughter», *The American Journal of the Medical Sciences, 298*(6): 390-396.

BERMAN, M. G.; JONIDES, J. y KAPLAN, S.: «The cognitive benefits of interacting with nature», *Psychological Science* 19: 1207-1212. 2008.

BONCHAY, B.: «Narcissistic abuse affects over 158 million people in the U.S.», PyschCentral.com, 24 de mayo. Consultado el 12 de octubre de 2018. https://psychcentral.com/lib/narcissistic-abuse-affects-over-158-million-people-in-the-u-s. 2017.

BOVENIZER, S.: «The limbic system». Consultado el 1 de julio de 2019. https://suebovenizer.com/the-limbic-system. 2017.

BOWEN, S.; CHAWLA, N.; COLLINS, S. E.; WITKIEWITZ, K.; HSU, S.; GROW, J.; CLIFASEFI, S.; *et al.* «Mindfulness-based relapse prevention for substance use disorders: A pilot efficacy trial», *Substance Abuse 30*(4): 295-305. 2009.

BRACH, T.: *Compasión radical: Descubre el amor y el perdón que nacen de tu corazón a través de la meditación en 4 pasos.* Barcelona: Ediciones Urano. 2021.

BRADSHAW, J.: *Volver a casa: Recuperación y reivindicación del niño interior.* Móstoles: Ediciones Gaia. 2015.

BRUMMELMAN, E.; THOMAES, S.; NELEMANS, S. A.; CASTRO, B.O.; OVERBEEK, G. y BUSHMAN, B. J.: «Origins of narcissism in children», *Proceedings of the National Academy of Sciences 112*(12): 3659-3662. 2015.

BUTTAFUOCO, M. J. y MCCARRON, J.: *Getting It Through My Thick Skull: Why I Stayed, What I Learned, and What Millions of People Involved with Sociopaths Need to Know*. Deerfield Beach, FL: Health Communications. 2009.

CADDICK, N. y SMITH, B.: «Combat surfers: A narrative study of veterans, surfing, and war trauma», *Movimento 23*(1): 35. 2017.

CAREK, P. J.; LAIBSTAIN, S. E. y CAREK, S. M.: «Exercise for the treatment of depression and anxiety», *International Journal of Psychiatry in Medicine 41*(1): 15-28. 2011.

CARLSON, B.; PALMIERI, P. A.; FIELD, N. P.; DALENBERG, C. J.; MACIA, K. S. y SPAIN, D. A.: «Contributions of risk and p factors to prediction of psychological symptoms after traumatic experiences», *Comprehensive Psychiatry*, 69: 106-115. 2016.

CARNELL, S.: «Bad boys, bad brains», *Psychology Today*, 14 de mayo. www.psychologytoday.com/blog/bad-appetite/201205/bad-boys-bad-brains. 2012.

CARNES, P. P.: *Betrayal Bond: Breaking Free of Exploitive Relationships*. Deerfield Beach, FL: Health Communications. 2015.

CARTER, S. B.: «Emotions are contagious – Choose your company wisely». *Psychology Today*, 20 de octubre. Consultado el 12 de octubre de 2018. www.psychologytoday.com/us/blog/high-octane-women/201210/emotions-are-contagious-choose-your-company-wisely. 2012.

CARVER, J.: «Stockholm syndrome: The psychological mystery of loving an abuser». CounsellingResource.com, 20 de diciembre. Consultado el 28 de febrero de 2019. https://counsellingresource.com/therapy/self-help/stockholm/2/. 2014.

CASCIO, C. N.; O'DONNELL, M. B.; TINNEY, F. J.; LIEBERMAN, M. D.; TAYLOR, S. E.; STRECHER, V. J. y FALK, E. B.: «Self-affirmation activates brain systems associated with self-related processing and reward and is reinforced by future orientation», *Social Cognitive and Affective Neuroscience 11*(4): 621-629. 2015.

CLARK, D. A. y BECK, A. T.: *Terapia cognitiva para trastornos de ansiedad: Ciencia y práctica*. Bilbao: Desclée de Brouwer. 2012.

COLLINGE, W.; KAHN, J.; y SOLTYSIK, R.: «Promoting reintegration of National Guard veterans and their partners using a self-directed program of integrative therapies: A pilot study». *Military Medicine 177*(12): 1477-1485. 2012.

CRAIG, A. D.: «How do you feel – now? The anterior insula and human awareness», *Nature Reviews Neuroscience 10*(1): 59-70. 2009.

CRAIG, G.: *The EFT Manual.* Santa Rosa, CA: Energy Psychology Press. 2011.

CRESWELL, J. D.; DUTCHER, J. M.; KLEIN, W. M.; HARRIS, P. R. y LEVINE, J. M.: «Self-affirmation improves problem-solving under stress», *PLoS ONE 8*(5). 2013.

DREXLER, S. M.; MERZ, C. J.; HAMACHER-DANG, T. C.; TEGENTHOFF, M. y WOLF, O. T.: «Effects of cortisol on reconsolidation of reactivated fear memories», *Neuropsychopharmacology 40*(13): 3036-3043. 2015.

DURVASULA, R.: «Narcissist, psychopath, or sociopath: How to spot the differences». Medcircle.com, 8 de agosto. Consultado el 9 de octubre de 2018. www.youtube.com/watch?v=6dv8zJiggBs. 2018.

DUTTON, D. G. y ARON, A. P.: «Some evidence for heightened sexual attraction under conditions of high anxiety», *Journal of Personality and Social Psychology 30*(4): 510-517. 1974.

ELLIOTT, S.: *Getting Past Your Breakup: How to Turn a Devastating Lossing to the Best Thing That Ever Happened to You.* Cambridge, MA:Da Capo Lifelong. 2009.

FELITTI, V. J.; ANDA, R. F.; NORDENBERG, D.; WILLIAMSON, D. F.; SPITZ, A. M.; EDWARDS, V.; KOSS, M. P. y MARKS, J. S.: «Relationship of childhood abuse and household dysfunction to many of the leading causes of death in adults», *American Journal of Preventive Medicine 14*(4): 245-258. 1998.

FERSTER, C. B. y SKINNER, B. F.: *Schedules of Reinforcement.* Nueva York: Appleton-Century-Crofts. 1957.

FETZNER, M. G. y ASMUNDSON, G. J.: «Aerobic exercise reduces symptoms of posttraumatic stress disorder: A randomized controlled trial», *Cognitive Behaviour Therapy 44*(4): 301-313. 2014.

FIELD, T.; HERNÁNDEZ-REIF, M.; DIEGO, M.; SCHANBERG, S. y KUHN, C.: «Cortisol decreases and serotonin and dopamine increase following massage therapy», *International Journal of Neuroscience 115*(10): 1397-1413. 2005.

FISHER, H. E.: «Love is like cocaine», *Nautilus,* 4 de febrero. http://nautil.us/issue/33/attraction/love-is-like-cocaine. 2016.

FOWLER, J. S.; VOLKOW, N. D.; KASSED, C. A. y CHANG, L.: «Imaging the addicted human brain», *Science & Practice Perspectives* 3(2): 4-16. 2007.

GERACI, L. y RAJARAM, S.: «The illusory truth effect: The distinctiveness effect in explicit and implicit memory», *Distinctiveness and Memory,* 210-234. 2016.

GLENN, A. L. y RAINE, A.: *Psychopathy: An introduction to biological findings and their implications.* Nueva York: New York University Press. 2014.

GOTTMAN, J. M.: *Why Marriages Succeed or Fail: And How You Can Make Your Marriage Last.* Nueva York: Simon & Schuster. 1994.

GOULSTON, M.: «Rage – Coming soon from a narcissist near you», *Psychology Today,* 9 de febrero. Consultado el 11 de febrero de 2019. www.psychologytoday.com/us/blog/just-listen/201202/rage-coming-soon-narcissist-near-you. 2012.

GREENE, R.: *El arte de la seducción.* Barcelona: Espasa. 2011.

GROHOL, J.: «An overview of dialectical behaviour therapy». PsychCentral.com, 19 de junio. Consultado el 9 de febrero de 2020. https://psych central.com/lib/an-overview-of-dialectical-behavior-therapy. 2019.

GUDJONSSON, G. H. y SIGURDSSON, J. F.: «The relationship of compliance with coping strategies and self-esteem», *European Journal of Psychological Assessment* 19(2): 117-123. 2003.

HANDLIN, L.; PETERSSON, M. y UVNÄS-MOBERG, K.: «Self-soothing behaviors with particular reference to oxytocin release induced by non-noxious sensory stimulation», *Frontiers in Psychology* 5: 1529. 2015.

HASHER, L.; GOLDSTEIN, D. y TOPPINO, T.: «Frequency and the conference of referential validity», *Journal of Verbal Learning and Verbal Behavior* 16(1): 107-112. 1977.

HATFIELD, E.; CACIOPPO, J. T. y RAPSON, R. L.: *Emotional Contagion.* Cambridge, Reino Unido: Cambridge University Press. 2003.

HAY, L.: *El poder del espejo: 21 días para cambiar tu vida.* Barcelona: Ediciones Urano. 2016.

HERDIECKERHOFF, E.: «The gentle power of highly sensitive people». Charla presentada en el TEDxIHEParis, París, noviembre. www. youtube.com/watch?v=pi4JOlMSWjo. 2016.

IMPETT, E. A.; KOGAN, A.; ENGLISH, T.; JOHN, O.; OVEIS, C.; GORDON, A. M. y KELTNER, D.: «Suppression sours sacrifice», *Personality and Social Psychology Bulletin 38*(6): 707-720. 2012.

JAGIELLOWICZ, J.; XU, X.; ARON, A.; ARON, E.; CAO, G.; FENG, T. y WENG, X.: «The trait of sensory processing sensitivity and neural responses to changes in visual scenes», *Social Cognitive and Affective Neuroscience 6*(1): 38-47. 2011.

JIANG, H.; WHITE, M. P.; GREICIUS, M. D.; WAELDE, L. C. y SPIEGEL, D.: «Brain activity and functional connectivity associated with hypnosis», *Cerebral Cortex 27*(8): 4083-4093. 2017.

KAISER, P.; KOHEN, D.; BROWN, M.; KAJANDER, R. y BARNES, A.: «Integrating pediatrichypnosis with complementary modalities: Clinical perspectives on personalized treatment», *Children 5*(8): 108. 2018.

KERNBERG, O. F.: *Severe Personality Disorders: Psychotherapeutic Strategies*. New Haven, CT: Yale University Press. 1984.

KIM, H.; SCHNEIDER, S. M.; KRAVITZ, L.; MERMIER, C. y BURGE, M. R.: «Mind-body practices for posttraumatic stress disorder», *Journal of Investigative Medicine 61*(5): 827-834. 2013.

KIMONIS, E. R.; FRICK, P. J.; CAUFFMAN, E.; GOLDWEBER, A. y SKEEM, J.: «Primary and secondary variants of juvenile psychopathy differ in emotional processing», *Development and Psychopathology, 24*(3): 1091-1103. 2012.

KLEIN, S.: «Adrenaline, cortisol, norepinephrine: The three major stress hormones, explained». HuffPost.com, 19 de abril. www. huffingtonpost.com/2013/04/19/adrenaline-cortisol-stress-hormones_n_3112800.html. 2013.

KORB, A.: «Boosting your serotonin activity», *Psychology Today*, 17 de noviembre. Consultado el 1 de julio de 2019. www.psychologytoday.com/us/blog/prefrontal-nudity/201111/boosting-your-serotonin-activity. 2011.

KUSTER, M.; BACKES, S.; BRANDSTÄTTER, V.; NUSSBECK, F. W.; BRADBURY, T. N.; SUTTER-STICKEL, D. y BODENMANN, G.: «Approach-avoidance goals and relationship problems, communication of stress, and dyadic coping in couples». *Motivation and Emotion 41*(5): 576-590. 2017.

LANGE, J.; PAULHUS, D. L. y CRUSIUS, J.: «Elucidating the dark side of envy: Distinctive links of benign and malicious envy with dark personalities». *Personality and Social Psychology Bulletin, 44*(4): 601-614. 2017.

LAZAR, S. W.; CARMODY, J.; VANGEL, M.; CONGLETON, C.; YERRAMSETTI, S. M.; GARD, T. y HÖLZEL, B. K.: «Mindfulness practice leads to increases in regional brain gray matter density», *Psychiatry Research: Neuroimaging 191*(1): 36-43. 2011.

LINEHAN, M. M.: *Manual de entrenamiento en habilidades DBT: Para el terapeuta.* Córdoba: Psara Ediciones. 2021.

LINEHAN, M. M.: *Manual de entrenamiento en habilidades DBT: Manual para el consultante.* Córdoba: Psara Ediciones. 2022.

MACDONALD, M. y SHERRY, S.: «N.S. research lays out how to recognize narcissistic perfectionists». CTV News, 22 de abril. Consultado el 9 de febrero de 2020. www.ctvnews.ca/lifestyle/n-s-research-lays-out-how-to-recognize-narcissistic-perfectionists-1.2870230. 2016.

MARAZZITI, D.; AKISKAL, H. S.; ROSSI, A. y CASSANO, G. B.: «Alteration of the platelet serotonin transporter in romantic love», *Psychological Medicine 29*(3): 741-745. 1999.

MARSH, J. y RAMACHANDRAN, V.: «Do mirror neurons give us empathy?», *Greater Good*, 29 de marzo. Consultado el 12 de octubre de 2018. https://greatergood.berkeley.edu/article/item/do_mirror_neurons_give_empathy. 2012.

MARTÍNEZ-LEWI, L.: «Are you married to a Jekyll Hyde covert narcissist?», 5 de diciembre. Consultado el 23 de junio de 2019. http://thenarcissistinyourlife.com/are-you-married-to-a-jekyll-hyde-covert-narcissist. 2018.

MAYER, F. S.; FRANTZ, C. M. P.; BRUEHLMAN-SENECAL, E. y DOLIVER, K.: «Why is nature beneficial? The role of connectedness in nature», *Environment and Behavior* 41: 607-643. 2009.

MCKAY, M.; WOOD, J. C. y BRANTLEY, J.: *Manual práctico de terapia dialéctico conductual: Ejercicios prácticos de TDC para aprendizaje de mindfulness, eficacia interpersonal, regulación emocional y tolerancia a la angustia.* Bilbao: Desclée de Brouwer. 2017.

MIKKELSEN, K.; STOJANOVSKA, L. y APOSTOLOPOULOS, V.: «The effects of vitamin B in depression», *Current Medicinal Chemistry 23*(38): 4317-4337. 2016.

MOGILSKI, J. K. y WELLING, L. L.: «Staying friends with an ex: Sexand dark personality traits predict motivations for post-relationship friendship», *Personality and Individual Differences* 115: 114-119. 2017.

MOREY, A.; GOLD, A. L.; LABAR, K. S.; BEALL, S. K.; BROWN, V. M.; HASWELL, C. C.; J. D. Nasser *et al.* «Amygdala volume changes in posttraumatic stress Disorder in a large case-controlled veterans group», *Archives of General Psychiatry 69*(11): 1169. 2012.

MOTZKIN, J. C.; NEWMAN, J. P.; KIEHL, K. A. y KOENIGS, M.: «Reduced prefrontal connectivity in psychopathy», *Journal of Neuroscience 31*(48): 17348-17357. 2011.

National Domestic Violence Hotline (2018). «Why we don't recommend couples counseling for abusive relationships». 18 de febrero. Consultado el 9 de octubre de 2018. www.thehotline.org/2014/08/01/why-we-dont-recommend-couples-counseling-for-abusive-relationships.

NAVARRO, J.: *Dangerous Personalities: An FBI Profiler Shows How to Identify and Protect Yourself from Harmful People.* Emmaus, PA: Rodale. 2017.

NEFF, K.: «The chemicals of care: How self-compassion manifests in our bodies». HuffPost.com, 27 de agosto. Consultado el 8 de febrero de 2020. www.huffpost.com/entry/self-compassion_b_ 884665. 2011.

NEWBERG, A. B. y WALDMAN, M. R.: *Words Can Change Your Brain: 12 Conversation Strategies to Build Trust, Resolve Conflict, and Increase Intimacy.* Nueva York: Plume. 2013.

ODENDAAL, J. y MEINTJES, R.: «Neurophysiological correlates of affiliative behaviour between humans and dogs», *Veterinary Journal 165*(3): 296-301. 2003.

O'HAIRE, M. E.; GUÉRIN, N. A. y KIRKHAM, A. C.: «Animal-assisted intervention for trauma: A systematic literature review». *Frontiers in Psychology* 6: 2. 2015.

OLDS, J. y MILNER, P.: «Positive reinforcement produced by electrical stimulation of septal area and other regions of rat brain», *Journal of Comparative and Physiological Psychology* 47(6): 419-427. 1954.

ORLOFF, J.: *Guía de supervivencia para personas altamente empáticas y sensibles.* Málaga: Editorial Sirio. 2018.

PACELLA, L.; HRUSKA, B. y DELAHANTY, D. L.: «The physical health consequences of PTSD and PTSD symptoms: A meta-analytic review», *Journal of Anxiety Disorders,* 27(1): 33-46. 2013.

PALGI, S.; KLEIN, E. y SHAMAY-TSOORY, S. G.: «Oxytocin improves compassion toward women among patients with PTSD», *Psychoneuroendocrinology* 64: 143-149. 2016.

PIPE, J.: «Stonewalling vs. empathy». 1 de mayo. Consultado el 28 de febrero de 2019. http://tapestryassociates.com/stonewalling-vs-empathy. 2014.

REIS, H. T.; SMITH, S. M.; CARMICHAEL, C. L.; CAPRARIELLO, P. A.; TSAI, F.; RODRIGUES, A. y MANIACI, M. R.: «Are you happy for me? How sharing positive events with others provides personal and interpersonal benefits». *Journal of Personality and Social Psychology* 99(2): 311-329. 2010.

RHODES, A.; SPINAZZOLA, J. y VAN DER KOLK, B.: «Yoga for adult women with chronic PTSD: A long-term follow-up study», *Journal of Alternative and Complementary Medicine* 22(3): 189-196. 2016.

ROCKLIFF, H.; GILBERT, P.; McEWAN, K.; LIGHTMAN, S. y GLOVER, D.: «A pilot exploration of heart rate variability and salivary cortisol responses to compassion-focused imagery», *Clinical Neuropsychiatry* 5(3): 132-139. 2008.

SARKIS, S.: «Are gaslighters aware of what they do?», *Psychology Today,* 30 de emerp. Consultado el 16 de febrero de 2020. www.psychologytoday.com/us/blog/here-there-and-everywhere/201701/are-gaslighters-aware-what-they-do. 2017.

SCHRODT, P.; WITT, P. L. y SHIMKOWSKI, J. R.: «A meta-analytical review of the demand/withdraw pattern of interaction and its associations with individual, relational, and communicative outcomes», *Communication Monographs* 81(1): 28-58. 2013.

SCHULZE, L.; DZIOBEK, I.; VATER, A.; HEEKEREN, H. R.; BAJBOUJ, M.; RENNEBERG, B.; HEUSER, B. y ROEPKE, S.: «Gray matter abnormalities in patients with narcissistic personality disorder», *Journal of Psychiatric Research 47*(10): 1363-1369. 2013.

SCHWARTZ, A.: *The Complex PTSD Workbook: A Mind-Body Approach to Regaining Emotional Control and Becoming Whole.* Berkeley, CA: Althea Press. 2017.

SHERMAN, D. K. y COHEN, G. L.: «The psychology of self-defense: Self-affirmation theory», *Advances in Experimental Social Psychology* 38: 183-242. 2006.

SIBOLD, J.; EDWARDS, E.; MURRAY-CLOSE, D. y HUDZIAK, J. J.: «Physical activity, sadness, and suicidality in bullied US adolescents». *Journal of the American Academy of Child & Adolescent Psychiatry 54*(10): 808-815. 2015.

SIEBEN, N.: «Stories of healing emotional trauma in my acupuncture clinic», NicholasSieben.com, 30 de enero. Consultado el 7 de febrero de 2020. https://nicholassieben.com/stories-of-healing-emotional-trauma-in-my-acupuncture-clinic. 2013.

SIMON, G.: «Personalities prone to narcissistic manipulation». 13 de enero. Consultado el 12 de octubre de 2018. www.drgeorgesimon.com/personalities-prone-to-narcissistic-manipulation. 2018.

SMYTH, J. M.; HOCKEMEYER, J. R. y TULLOCH, H.: «Expressive writing and post-traumatic stress disorder: Effects on trauma symptoms, mood states, and cortisol reactivity». *British Journal of Health Psychology 13*(1): 85-93. 2008.

STEIN, T.: «Narcissist or sociopath? Similarities, differences and signs», *Psychology Today*, 11 de agosto. Consultado el 14 de octubre de 2018. www.psychologytoday.com/us/blog/the-integrationist/201608/narcissist-or-sociopath-similarities-differences-and-signs. 2016.

STERN, R.: *Efecto luz de gas: detectar y sobrevivir a la manipulación invisible de quienes intentan controlar tu vida.* Málaga: Editorial Sirio. 2016.

STOUT, R.: *El sociópata de la puerta de al lado.* Barcelona: Ediciones Obelisco. 2019.

SUOMI, S. J.: «Risk, resilience, and gene-environment interplay in primates», *Journal of the Canadian Academy of Child and Adolescent Psychiatry 20*(4): 289-297. 2011.

TATAR, J. R.; CAUFFMAN, E.; KIMONIS, E. R. y SKEEM, J. L.: «Victimization history and posttraumatic stress: An analysis of psychopathy variants in male juvenile offenders», *Journal of Child &Adolescent Trauma*, 5(2): 102-113. 2012.

TOURJÉE, D.: «Narcissists and psychopaths love to stay friends with their exes». Vice.com, 10 de mayo. Consultado el 10 de agosto de 2018. https://broadly.vice.com/en_us/article/ezjy3m/narcissists-and-psychopaths-love-to-stay-friends-with-their-exes. 2016.

VAN DER KOLK, B.: *El cuerpo lleva la cuenta: Cerebro, mente y cuerpo en la superación del trauma.* Barcelona: Editorial Eleftheria. 2020.

WALKER, P.: *Complex PTSD: From Surviving to Thriving.* Lafayette, CA: Azure Coyote. 2013.

WALSTER, E.: «The effect of self-esteem on romantic liking», *Journal of Experimental Social Psychology* 1(2): 184-197. 1965.

WANG, D. V. y TSIEN, J. Z.: «Convergent processing of both positive and negative motivational signals by the VTA dopamine neuronal populations», *PLoS ONE 6*(2). 2011.

WARSHAW, C.; LYON, E.; BLAND, P. J.; PHILLIPS, H. y HOOPER, M.: «Mental health and substance use coercion surveys: Report from the National Center on Domestic Violence, Trauma & Mental Healthand the National Domestic Violence Hotline». 2014.

WATSON, R.: «Oxytocin: The love and trust hormone can be deceptive». *Psychology Today*, 14 de octubre. www.psychologytoday.com/blog/love-and-gratitude/201310/oxytocin-the-love-and-trust-hormone-can-be-deceptive. 2013.

WESTBROOK, C.; CRESWELL, J. D.; TABIBNIA, G.; JULSON, E.; KOBER, H. y TINDLE, H. A.: «Mindful attention reduces neural and self-reported cue-induced craving in smokers», *Social Cognitive and Affective Neuroscience* 8(1): 73-84. 2011.

WILLIAMS, K. D. y NIDA, S. A.: «Ostracism», *Current Directions in Psychological Science 20*(2): 71-75. 2011.

ZALTA, A. K.; HELD, P.; SMITH, D. L.; KLASSEN, B. J.; LOFGREEN, A. M.; NORMAND, P. S.; BRENNAN, M. B. *et al.* «Evaluating patterns and predictors of symptom change during a three-week intensive outpatient treatment for veterans with PTSD», *BMC Psychiatry 18*(1): 242. 2018.

Zwolinski, R.: «The silent treatment and what you can do to stop it cold». PsychCentral.com, 18 de noviembre. Consultado el 28 de febrero de 2019. https://blogs.psychcentral.com/therapy-soup/2014/11/the-silenttreatment-and-what-you-can-do-to-stop-it-cold. 2014.

Shahida Arabi, MA, es graduada *summa cum laude* en la Universidad de Columbia y autora superventas de tres libros, entre los que se encuentran *Becoming the Narcissist's Nightmare* (*Cómo convertirse en la pesadilla de un narcisista*) y *Power* (*Poder*). Sus obras han aparecido en *Psychology Today, Psych Central, Salon, Huffington Post, Bustle,* el National Domestic Violence Hotline, el *Daily News* de Nueva York, *Thought Catalog* VICE Media Group.

Puedes conocerla mejor en www.shahidaarabi.com.

La autora del prólogo, **Andrea Schneider,** es licenciada en Trabajo Social Clínico en el Área de la Bahía de San Francisco, y tiene más de veinte años de experiencia asesorando a miles de personas y familias. Está especializada en recuperación de abusos narcisistas, bienestar materno, recuperación de traumas, necesidades especiales en la crianza, pena y pérdida.

Puedes averiguar más sobre ella en www.andreaschneiderlcsw.com.

ÍNDICE

Prólogo 7
Introducción. La vida de la persona altamente sensible
entre individuos tóxicos 11

Capítulo 1
La trinidad. PAS, manipuladores tóxicos y narcisistas 23

Capítulo 2
Benignos y malignos. Los cinco tipos de individuos tóxicos 59

Capítulo 3
Manual de estrategia de la toxicidad. Cómo contrarrestar
las tácticas de manipulación 77

Capítulo 4
La rehabilitación tras la relación con una persona tóxica.
Dejar la adicción y cortar el contacto 135

Capítulo 5
Las fronteras. Vallas electrificadas que mantienen a raya
a los depredadores 151

Capítulo 6
Prepara tu arsenal. Estrategias de cuidados personales
y habilidades para replantearte las cosas en la vida cotidiana . . 163

Capítulo 7
   Refugio y recuperación. Modalidades de sanación
      para las PAS 183

Agradecimientos 205
Referencias 207